Annie Home

Ein Engel, aber flügellos

Aus dem Leben einer Manisch-Depressiven

Annie Home

Ein Engel, aber flügellos

Aus dem Leben einer Manisch-Depressiven

Rediroma-Verlag

Bibliografische Information der Deutschen Nationalbibliothek:
Die Deutsche Nationalbibliothek verzeichnet diese Publikation in der Deutschen Nationalbibliografie; detaillierte bibliografische Daten sind im Internet über http://portal.dnb.de abrufbar.

Das in dem Buch erzählte Geschehen hat sich tatsächlich so zugetragen. Die darin enthaltenen Bilder sind alles Originalbilder. Namen und Orte wurden geändert, außer das Berufsbildungswerk Würzburg.

ISBN 978-3-96103-919-7

Umschlagillustration: Annie Home

www.rediroma-verlag.de
15,95 Euro (D)

Inhalt

Vorwort

Das in dem Buch erzählte Geschehen hat sich tatsächlich so zugetragen. Die darin enthaltenen Bilder sind alle Originalbilder. Namen und Orte wurden geändert.

Die Geschichte erzählt den Verlauf meiner Krankheit mit manischen sowie depressiven Phasen.

Die ersten zwei Kapitel wurden in einer akuten manischen Phase verfasst und wurden nicht verändert.

Das Leben mit einer manisch-depressiven Erkrankung ist nicht einfach und verlangt sehr viel Selbstbeobachtung und Ehrlichkeit mit sich selbst.

Doch man darf niemals seine Wünsche und Träume aufgeben, sondern man muss stets an sich glauben.

Dieses Bild habe ich während meiner ersten Manie in der Klinik gemalt. Es zeigt einen Flügel, der zweite fehlt aber, um fliegen zu können. Doch der „Engel“ wünscht sich so sehr, wieder vollständig zu sein, um fliegen zu können: „Ich will fliegen!“

Der Wunsch, wieder fliegen zu können, wird vorerst aber nur ein Wunsch bleiben.

In diesem Bild gibt es Parallelen zu meinem Leben. Auch ich hatte viele Wünsche und Träume, doch die Realität sah komplett anders aus und nicht jeder Wunsch ist erfüllbar.

Deshalb muss man aus den gegebenen Möglichkeiten versuchen, das Beste zu machen und nicht aufzugeben. Und wer weiß, vielleicht kommt es zur Überraschung und jemand bringt mir doch noch das Fliegen bei, mit einem bzw. keinem Flügel – ein Engel, aber flügellos.

Jetzt erst recht!

Okay, mal ehrlich: Wie verzweifelt und verblödet muss man eigentlich sein, wenn man an einem scheinbar normalen Freitag, dem 21. September, (ja, ihr habt richtig gelesen, kein Freitag, der 13.!) um 3 Uhr alles andere macht außer schlafen?

Musik hören, Bilder anschauen, Bilder bearbeiten, wieder Musik hören, lesen, Vokabeln lernen, über das nächstmögliche Tattoo nachdenken, versuchen zu schlafen; aber letztendlich bleibt es doch nur beim Versuch ... ein Versuch, seine eigenen Grenzen zu testen? – Nein ...

ENTERTAINMENT – Ein Traumjob von jedem Jugendlichen. Okay, nicht von jedem, logo. Man muss von Natur aus ein offener, selbstbewusster, freundlicher, flexibler, ... Mensch sein.

Am 20.02.2007 bin ich mit meinem ersten festen Freund David zusammengekommen. Was das jetzt mit Entertainment zu tun hat? Erst dadurch habe ich die Erfahrung machen dürfen, in schöne Clubanlagen reisen zu dürfen, denn unser Sparschwein reichte nicht aus, um sich luxuriöse Urlaube zu gönnen. Das heißt aber nicht, dass ich deswegen eine weniger schöne Kindheit hatte – im Gegenteil: Ich bin in einer liebevollen Familie aufgewachsen, meine Eltern sind glücklich verheiratet, was nicht selbstverständlich ist in der heutigen Zeit, denn beinahe jede zweite Ehe in Deutschland ist geschieden – schockierend, aber die Wahrheit. Außerdem habe ich vier Geschwister, die ich genauso sehr brauche, wie Take That Robbie Williams braucht, denn die Band hat ohne Robbie wirklich nicht viel auf die Reihe gebracht! Wie man sieht, steht also die Familie für mich über allem, aber auch mein Freund David und seine komplette Familie sind für mich immer mehr ins Zentrum gerückt. Gut, auch das ist verständlich, denn ich habe in den ersten Jahren unserer Beziehung fast jeden Tag mit ihm verbracht. David hat, im Gegensatz zu mir, eine, ja sagen wir, überschaubare Familie. Seine Eltern sind auch glücklich verheiratet, er hat aber nur eine Schwester und auch sonst ist die Familie nicht so riesig wie unsere Großfamilie. Klar, dass man da die meiste Zeit bei ihm verbringt, immerhin fiel es David nicht leicht, sich in unseren „Clan" zu integrieren. Wie es kommen musste, verbrachte ich immer mehr Zeit mit David anstatt mit meiner Familie. Auch wenn ich es nach außen nicht zeigen wollte, hat es mich innerlich sehr aufgewühlt und das hat sich auch in meinen schulischen Leistungen bemerkbar gemacht. Bis zur 9. Klasse waren meine Noten in der Schule unterdurchschnittlich. Warum? In der fünften und sechsten Klasse hatte ich schon immer Bauchschmerzen, weshalb meine Mama und ich zu vielen Ärzten gegangen sind und um Rat gefragt haben. In meinem Heimatstädtchen gibt es zwar nicht allzu viele Ärzte, aber die, die wir aufgesucht haben, konnten nichts feststellen. Die Diagnose lautete immer: Prüfungsangst.

Dann 10. Klasse: Der Gang in die Schule war ein Horrortrip! Nicht, weil ich keine Freunde hatte oder mir das Lernen keinen Spaß gemacht hat, sondern weil mich, sobald ich früh aufgestanden bin, immer wieder diese Bauchschmerzen geplagt haben, nein, was sag ich, keine Bauchschmerzen ... Bauchkrämpfe, Übelkeit. Oft bin ich aus dem Klassenzimmer gestürmt und hoffte, dass ich es rechtzeitig aus dem Zimmer schaffe. Schon hier machte sich bemerkbar, dass es zwei unterschiedliche Arten von Menschen gibt. Einige Lehrer machten sich große Sorgen (wirklich!) und andere wollten den Alkohol oder andere Sachen für meine Bauchschmerzen verantwortlich machen. Gut, zu ihrer Verteidigung muss ich zugeben, dass ich wirklich, nachdem ich gemerkt habe, dass ich durch die Beziehung von David und mir meine Familie, meine Freunde und mein eigenes Leben (etwas) vernachlässigt habe, öfters mal getrunken habe. Ablenkung, Party, Feiern.

Nicht gut, genau. Aber leider hat mir wohl zu dem Zeitpunkt einfach etwas gefehlt. Meine Eltern machten sich Sorgen, ich habe mir den Kopf darüber zerbrochen, was das nur sein mag und andere Menschen natürlich auch. Auch Davids Familie sorgte sich liebevoll um mich. Und als dann auch noch Krankheiten wie Pfeiffersches Drüsenfieber dazukamen, wussten sie: Alarmstufe Rot. Irgendetwas stimmte da wirklich nicht, die ganze Prozedur ging wieder weiter ... Ärzte, Psychologen, Aufenthalte in Krankenhäusern, Magen- und Darmspiegelungen ... Entweder waren die Ärzte wirklich zu unfähig oder sie wollten nicht helfen, I don‘t know.

IRGENDWANN gab es aber eine Diagnose: Reizdarmsyndrom. Chronisches Reizdarmsyndrom. (Für alle, die nicht wissen, was das ist, bitte mal schnell GOOGLE benutzen, das funktioniert spitze.) Und für alle, die trotz des globalen Netzwerkes kein Internet besitzen, was es (zum Glück) auch noch gibt: Chronisches Reizdarmsyndrom, ganz kurz und zum Mitschreiben: Es kommt auf deine Psyche an, wann, wie lange, wie stark, wie häufig und ob es überhaupt auftritt. Doch wie geht man jetzt damit um: Einerseits war ich froh, dass es überhaupt endlich mal ein

Arzt geschafft hat, eine Diagnose zu stellen, andererseits aber wusste ich, dass das ein Problem für später sein würde ... Stress gibt es immer und überall. Ob in der Familie, im Freundeskreis, im Beruf oder im banalen Alltagsleben.

Dann aber, in den zwei Jahren Oberstufe des achtjährigen Gymnasiums, hat sich mein seelischer Gesundheitszustand verbessert und auch mein körperliches Befinden wurde wieder besser. Was dann auch zur Folge hatte: Die Noten lagen im guten Bereich.

Ich ging wieder sehr gerne in die Schule, das Lernen fiel mir leicht, die meisten Klausuren, Referate, Abfragen, Exen, mündliche Noten, Leistungsnachweise und auch das W- (wissenschaftlich) und P- (Praxis) Seminar meisterte ich mit Bravour. Natürlich gab es auch Ausnahmen, wie bei jedem normalen Menschen, der ein Leben hat und nicht nur für die Schule lebt. Ich bin feiern gegangen, war immer noch in einer festen Beziehung mit meinem Freund, in der es auch Hochs und Tiefs gab, die aber auch nur zum Wesen des Menschen dazugehören. Um es kurz zu sagen: Ich habe mein Abitur mit einem ordentlichen Schnitt abgeschlossen. Nicht super gut, aber dafür, dass ich Spaß hatte, mein Leben genossen habe, Familie und Beziehung vereinbart habe, war ich mit einer 2,1 wirklich mehr als zufrieden.

2,1–Abi ... Was nun?

Ich hatte viele Ideen, was ich eventuell machen könnte. Letztendlich habe ich mich für das Studium an der Uni Würzburg entschieden: Gymnasiallehramt. Da ich in der Oberstufe wirklich die Zeit genießen konnte, viele nette Leute kennengelernt habe, darunter auch viele fesche, coole, sportliche und gut gekleidete Referendare (Achtung: Neidfaktor steigt!), wollte ich natürlich unbedingt Lehrerin werden. Ist ja nicht so, dass ich noch andere Fähigkeiten hätte, außer mit angesagten Lehrern sogar in der Freizeit abzuhängen. Und genau deswegen habe ich mich für das Studium Gymnasiallehramt entschieden, GENAU! :) haha, Ironie!!!

Ich begann mit der Fächerkombination Mathe und kath. Theologie, weil ich in beiden Fächern im Endzeugnis auf 13 und 14 Punkte kam. (Aber Achtung, die 13 Punkte in Mathe kamen natürlich nur, weil mich der Mathelehrer mochte, das darf ich nicht vergessen!). Für die Theologie interessierte ich mich schon immer, da ich von Grund auf ein christlicher Mensch bin, aber auch in einer sehr religiösen Familie aufgewachsen bin. Meine Oma war früher (habe ich mir sagen lassen) sehr konservativ, ging in die Kirche, weil sie Angst davor hatte, später ins Fegefeuer zu kommen und für ihre Sünden büßen zu müssen (dabei war sie meiner Meinung nach Mutter Theresa II). Auf jeden Fall betete sie mit uns am Mittagstisch, zu Abend, vorm Schlafengehen, ich habe mit ihr gesungen und es war schön! Beinahe jeden Tag denke ich an die Zeit zurück und bin ihr jetzt noch überaus dankbar dafür, dass sie mit ihrer liebevollen, tapferen, mutigen und kämpferischen Art (immer powern und durchhalten!) unsere Familie bereichert hat. (Die Erklärung, warum ich Theologie studiert habe, ist nun beendet.)

Ich merkte aber schnell, dass ich sehr große Schwierigkeiten im Fach Mathematik hatte. Man konnte die Mathematik nicht mit dem Matheunterricht in der Schule vergleichen. Ich konnte mich nicht einfinden und zur Erleuchtung oder einem Geistesblitz kam es leider auch nicht. Deshalb habe ich mich entschlossen, das Studium zu beenden.

Doch ich wollte mich nicht sofort in ein anderes Studium stürzen und dann kam mir die Idee ... Ich bin aufgeschlossen, freundlich und mir fällt es leicht, auf andere zuzugehen und gute Laune zu verbreiten. Immer wenn ich im Urlaub war, mit meinem Freund und seiner Familie, beneidete ich diese Menschen in ihren coolen Uniformen.

Also fasste ich den Entschluss und schickte eine Bewerbung los. Ich wusste meine Talente, meine positiven Eigenschaften ...

Lena ...
18. Juni 2012
Deutschland

Sehr geehrte Damen und Herren,

ich heiße Lena ..., bin 19 Jahre alt und würde mich sehr darüber freuen, bei _____ als Entertainerin arbeiten zu dürfen. Ich war nun schon mehrmals im Ausland (u.a. Türkei, Tunesien, Kroatien, Spanien, Bulgarien) und auch in vielen Hotels, in denen den Gästen ein Animationsprogramm geboten wurde. Jedes Mal wünschte ich mir, selbst einmal die Hotelbesucher begeistern zu dürfen und ihnen einen unterhaltsamen und unvergesslichen Urlaub zu schenken. Egal, ob auf der Bühne stehen und mit Show und Tanz einen magischen Abend zaubern, auf dem Volleyballfeld mit Jugendlichen viele spannende Matches erleben oder den kleinsten Hotelbesuchern die Zeit verschönern und mit Spielen, Basteln oder einfach nur durch gemeinsames Beisammensein den Urlaub zu einem unvergesslichen Erlebnis machen: All dies würde ich mit sehr großer Freude tun.

Ich selbst beschreibe mich als aufgeschlossen, freundlich, aktiv und für jeden Spaß zu haben.

In meiner Freizeit verbringe ich viel Zeit mit meinen Freunden, treibe gerne und viel Sport, von Ausdauersport wie Joggen, Schwimmen bis hin zu Gemeinschaftssport wie Volleyball oder Basketball. Des Weiteren tanze ich für mein Leben gerne. Auf der Tanzfläche bin ich nicht zu bremsen und tanze so lange, bis die Lichter ausgehen. Seit Kurzem besuche ich auch einen Zumba-Kurs, der mir großen Spaß macht. Doch auch lateinamerikanische Standardtänze bereiten mir große Freude. Ich habe an einem Tanzkurs teilgenommen und diesen mit einem Goldstar-Abzeichen erfolgreich abgeschlossen.

Eine weitere Stärke von mir liegt in der zwischenmenschlichen Interaktion. Ich habe schon öfters Kinder und Jugendliche in Zeltlagern oder an Jugendwochenenden betreut, mit ihnen gearbeitet, spaßige Stunden verbracht, aber ihnen auch ein offenes Ohr für ernste Angelegenheiten geschenkt.

Ich lerne gerne neue Menschen kennen, bin sehr kontaktfreudig und interessiere mich für unterschiedliche Menschen und Kulturen.

Meine Interessen sind enorm vielseitig und ich bin immer wieder gerne bereit, neu gefördert zu werden sowie in neue Bereiche zu schnuppern.

Ich würde mich sehr über eine Rückmeldung von Ihnen freuen und wäre überaus glücklich, noch in dieser Sommersaison in einem Hotel arbeiten und das Entertainment-Team bereichern zu können. Ich würde Ihnen stets engagiert, aktiv und voller Begeisterung zur Seite stehen.

Da ich vor Kurzem den Club Afrika in Tunesien besucht und davon erfahren habe, dass in diesem Hotel noch Animateure gesucht werden, liegt meine Hoffnung darin, einen der offenen Plätze zu besetzen. Da ich aber flexibel bin und

Entertainment auf jeden Fall betreiben möchte, würde ich eine Stelle in einem anderen Hotel ebenfalls mit großer Begeisterung annehmen.

Mit freundlichen Grüßen,

Lena ...

Ich kannte aber auch meine Schwächen. Zudem war mir klar, dass es so viele Menschen gibt, die auch einmal Entertainer werden wollen. Ich füllte alle auszufüllenden Flächen aus und hoffte darauf, einfach nur eine Zusage zu bekommen.

Ich wartete, wartete ... nicht lange hat es gedauert und ich bekam eine Mail: Mist, keine zu vergebende Stelle mehr ... Kaum vorstellbar, oder? In der Mail stand aber auch, dass ich auf eine Warteliste gesetzt wurde, die Hoffnung war also noch nicht ganz verloren, denn: die Hoffnung stirbt ja zuletzt, „gell du?“.

Zwei Wochen vergingen und ich bekam auf einmal eine Zusage. Ich sah die Mail und konnte mein Glück (ohja!) nicht fassen ... Ich, das Mädel aus einem kleinen Städtchen mit 17.000 Einwohnern, hatte tatsächlich die Chance, in einem so bekannten Hotel arbeiten zu dürfen. Kaum vorstellbar, einfach der Wahnsinn. Ich konnte es nicht realisieren, weil sich für mich tatsächlich ein Traum erfüllt hatte. Ich arbeitete viel und lange, aber dadurch, dass mir die Arbeit so viel Spaß gemacht hat, habe ich nicht gemerkt, was das für erhebliche Auswirkungen auf meinen Körper und meine Gesundheit hat.

Aber um zu meiner Anfangsfrage zurückzukehren: „Wie verzweifelt und wie verblödet muss man eigentlich sein, wenn man an einem eigentlich scheinbar normalen Freitag, dem 21. September, (ja, ihr habt richtig gelesen, kein Freitag, der 13.!) um 3 Uhr alles andere macht außer schlafen?!"

Diagnose „Manie“ lautet die Antwort ...

Als Entertainerin ist man sehr viele Stunden aktiv, von früh bis spät in die Nacht. Aber trotzdem hat mir die Arbeit überaus gut gefallen.

Ich war Kinderanimateurin in der Türkei für fast vier Monate.

Dort gestaltete ich den kleinen Gästen einen schönen Urlaub. Ich habe mit den Kids Poolspiele gespielt, wir sind zusammen Kanu gefahren, haben Bogenschießen-Turniere veranstaltet, wir waren auch kreativ und bastelten mit den Kindern, boten verschiedene Turniere an, wie z.B. Darts, Shuffleboard, Boccia und Fußball. Was auch besonders in Erinnerung bleibt, waren unsere Nordic-Walking-Touren durch die ganze Hotelanlage (und die war echt groß!) mit einer Pause an der schönsten Poolbar. Es gab für jeden ein oder zwei Getränke und dann ging es weiter.

Auch hatten wir verschiedene Events für die Kinder:

Pyjama Party zum Beispiel, d.h. Popcorn naschen und DVDs schauen und das natürlich, wie der Name schon sagt, im Pyjama. Weiterhin gab es Indianerpartys: Wir verkleideten uns alle als Indianer, auch die Kinder bekamen Indianerkostüme und wir boten verschiedene Spiele an. Das Highlight für unsere Besucher war das Musical „Grease“, was wir zusammen mit den Kindern einstudierten und dann auf der großen Bühne vor all den Hotelgästen aufführten. Es war zwar nicht immer einfach, bis die Tanzschritte auch bei den Kindern eingeprägt waren, aber irgendwie haben wir es stets geschafft, eine gute Show abzuliefern, und die Zuschauer waren begeistert.

Neben der Kinderanimation haben wir abends noch die Erwachsenen unterhalten und es gab nach dem abendlichen Showprogramm noch gutes Entertainment an der Beachbar, d.h.: Vortanzen der Clubtänze, die Gäste animieren mitzumachen, mit ihnen tanzen, sich unterhalten und einfach gute Laune verbreiten. Auch gab es verschiedene Mottopartys: White Party, Funky Party, Avatar Party, Rock Event, Schaumparty usw.

Bei der White Party beispielsweise waren alle aufgefordert, ausschließlich weiß zu tragen, es gab einen Special Act, d.h. verschiedene Profitänzer, die auch Feuer-Jonglage vorführten, und dazu jede Menge Spezialeffekte: eine Show mit vielen Lichtereffekten, spektakulären Tanzaufführungen und jede Menge Spaß.

Bei der „Funky Party" haben wir uns alle auffällig verkleidet mit coolen Perücken und originellen Outfits:

Die Avatar-Party war besonders aufwendig: Wir schminkten, stylten und kostümierten uns alle wie Avatare und auch die Beachbar verwandelte sich in eine besondere Area.

Beim Rock Event wurden verschiedene Videos von Rocklegenden auf Leinwand projiziert und wir passten unsere Kleidung dementsprechend an.

Wie man sieht, gab es jede Menge spektakuläre Attraktionen und jede Menge Spaß. Doch all das fordert auch viel Arbeit, Vorbereitung, Kreativität und Ausdauer.

Man musste zwar immer Vollgas und mehr als 100 Prozent geben, aber ich liebe es, andere Menschen zu unterhalten, zu tanzen, ... es gibt wirklich nichts anderes, was mir bisher mehr Freude bereitet hat, weil ich so sehr von anderen geschätzt und gelobt wurde. Trotzdem war mein Körper geschwächt und überanstrengt. Ich bin deshalb auch an einer starken Bronchitis erkrankt und war ein Wochenende im Krankenhaus. Dort wurde ich mit zahlreichen Infusionen vollgepumpt, damit die Werte wieder einigermaßen in Ordnung wurden, und die Bronchitis sollte sich auch regulieren. Doch reicht dafür wirklich ein Wochenende? Nein, auf keinen Fall. Doch mehr Zeit konnte ich meinem Körper nicht geben, um sich wieder zu erholen, denn schon am Montag musste ich wieder den ganzen Tag auf den Beinen stehen und so weiterarbeiten, als wäre nie etwas gewesen. 47 Grad, Poolspiele mit den Kids, die Entertainer alle in Uniformen (Arbeitskleidung ist ein Muss!) und, klar, die Kids haben viel Spaß daran, wenn sie die Entertainer in den Pool schmeißen können. Nasse Uniform, eigentlich bei 47 Grad kein Problem, doch sobald man in einen klimatisierten Raum der Hotelanlage geht, um entweder mit den Kindern zu spielen oder mit ihnen Mittag zu essen, merkt man schon, wie schlecht das Ganze für die Gesundheit ist. Aber es blieb keine Zeit, um eine neue trockene Uniform anzuziehen (und ich hatte sowieso nur drei Stück, da überlegt man sich auch dreimal, ob man jetzt wieder eine neue anzieht). Egal, bevor ich weiter ausschweife: Ich war gesundheitlich sehr angeschlagen, das ist Fakt. Zudem hatte ich viele private Differenzen im Kopf. Mich hat es sehr mitgenommen, dass mein Freund meine Bemühungen, jeden Tag mit ihm den Kontakt zu pflegen, nicht schätzte und es zu Auseinandersetzungen kam. Und als ob der gesundheitliche Aspekt und die seelischen Sorgen nicht ausreichten, schädigte ich meinen Körper noch zusätzlich, indem ich sehr wenig gegessen habe. Das hat mein Immunsystem natürlich auch sehr geschädigt. Durch die ständige Bewegung habe ich sowieso innerhalb kürzester Zeit abgenommen, doch irgendwann, als ich merkte, dass ich so besser ankomme, bin ich auf den Geschmack gekommen. Meine Freundin Antonia und ich haben uns dafür entschieden, mittags nur einen Salatteller zu essen – ansonsten den ganzen Tag über fast gar nichts. Antonia hat die Motivation gefehlt, doch ich habe mich zu sehr in diesen Abnehmwahn hineingesteigert und wusste keine Grenze mehr. Der normale Menschenverstand hörte auf, denn bei so einer Arbeit, die so viel Kraft, Energie und Ausdauer verlangt, braucht man einfach Stärkung. Doch ich wollte immer dünner werden ...

Anhand dieses Bildes, welches an meinem Geburtstag fotografiert wurde (03.09.), kann man sehen, wie viel ich innerhalb kürzester Zeit abgenommen habe.

Meinem Körper und meinem Geist wurde das alles zu viel. Er half mir aber die anstrengende Zeit sehr gut zu überstehen, indem er mir viele Ideen schenkte und übermäßig viel Energie. Alle Einfälle, die ich im Kopf hatte, musste ich niederschreiben oder durch meine Leidenschaft, die Musik, ausdrücken. Ich sang sehr viel und schrieb selbst eigene Texte. In der Zeit, als andere längst geschlafen haben, wurde ich erst richtig aktiv. Ich war so wissbegierig und wollte mich ständig weiterbilden: Ich habe nachts angefangen, andere Sprachen zu lernen durch ganz normales Vokabellernen und das Anschauen von Videos. Auch meine Türkischkenntnisse haben sich innerhalb kürzester Zeit erheblich verbessert, da der Fernseher mit türkischen Sendungen ständig im Hintergrund lief. (Ich mein', es könnte ja sein, dass ich ansonsten wichtige Informationen verpasse und das geht natürlich nicht! – Zumindest dachte ich zu der Zeit so.)

Irgendwie fiel mir alles sehr leicht. Ich unterhielt mich mit den russischen Kindern aus unserem Kids Club und scherzte mit den türkischen Taxifahrern. Das Personal war auch von meinem Türkisch beeindruckt und mein Französisch konnte ich ebenfalls schnell verbessern. (Ich sollte hier vielleicht erwähnen, dass mich Sprachen in der Schule nie wirklich begeistert haben und ich eigentlich nicht gedacht habe, dass ich überhaupt schnell eine Sprache lernen kann.) Talente, die in mir schlummerten, kamen zum Vorschein und die, von denen ich wusste, dass ich sie besaß, haben sich ins fast Unheimliche verbessert. Meine Fußballtricks waren erstaunlich, sowieso war jede Sportart jetzt für mich „ein Klacks". Auch beim Tanzen war alles von so einer Leichtigkeit geprägt. Hotelstammgäste, die sehr gut tanzten, forderten mich auf, und viele andere Hotelbesucher staunten nur. Warum mir alles so leicht von der Hand und vom Fuß ging, wusste ich damals auch nicht, ich habe mir auch keine Gedanken gemacht. Eigentlich unverständlich, denn normalerweise würde man sich schon wundern, wenn man sich auf einmal für so ziemlich alles interessiert, alles, was man vorhat, funktioniert, man keinen Schlaf mehr braucht und man einfach unmenschlich viel Energie hat, die nie verbraucht wird. Dass ein Körper das überhaupt überstehen kann? Fast eine Woche ohne Schlaf?

Ich schlug nachts und frühmorgens Purzelbäume auf dem Bett, weil ich nicht wusste, wohin mit meiner übermäßigen Energie. Obwohl die Arbeit als Entertainerin wirklich anstrengend war und man sehr gefordert wurde, war ich nie richtig müde, konnte nicht schlafen, selbst wenn am nächsten Morgen um 07.30 Uhr wieder der Wecker geklingelt hatte. Ich war fit, immer und zu jeder Zeit. Ich tanzte auch mal barfuß auf der Straße herum, meine Markenzeichen waren (neben meinen schwarzen High Heels) mein IPod und meine Kopfhörer. Ständig hörte ich Musik und tanzte dazu, egal, ob allein im Zimmer oder draußen beim Spaziergang oder in meinem Lieblings-Piercing- und Tattoo-Studio. Außerdem machte ich überall und für jedermann Werbung: für den kleinen Shop unter unserem Hotel, für die Läden in meiner Heimat, für das türkische Tattoo- und Piercingstudio, für den Swatchladen, ...

Ja, Werbung machen sah bei mir einfach manchmal ein bisschen, sagen wir, „extrem“ aus. Ich trug nicht nur eine Ice Watch Uhr, sondern einfach mal vier oder fünf an einem Arm, um die verschiedenen Modelle zu präsentieren.

Ich designte mein Zimmer um, indem ich alle möglichen Kleidungsstücke, die geeignet waren, um Werbung zu machen, an mein Fenster hing. Ich hatte sozusagen ein eigenes Schaufenster mit meinen Kleidungsstücken oder auch von anderen Sachen, die für die Touristen sehr interessant waren: Einen Flyer mit verschiedenen Touren (Quad), die Einkaufstüten von den besten Shops und sogar Kosmetikartikel stellte ich an meine Fensterscheibe, um den Menschen zu zeigen, was es für einen super und preiswerten Nagellack gab, für einen Euro.

Wenn ich zur Einkaufsstraße lief, nutzte ich das, um den Kleidungsshops und anderen Läden, in denen es schöne Sachen zu kaufen gab, ein bisschen unter die Arme zu greifen. Auch spazierte ich selbstsicher in die Touristenläden, die Mode verkauften, nahm Taschen in die Hand, setzte

Sonnenbrillen auf, zog noch eine schicke Jacke an und präsentierte den Urlaubern die angesagtesten Trends und die MUST-HAVES für die Einkaufsliste.

Oft hörte ich Sätze wie „like a model!“. Ich habe die Aufmerksamkeit auf jeden Fall auf mich gelenkt. Vielleicht war es manchmal etwas schräg, aber ich bin definitiv in Erinnerung geblieben, denn selbst nach über einem Jahr nach der Zeit als Entertainerin in der Türkei schrieben mir Personalleute, Barkeeper oder einfach Hotelurlauber mit Kindern. Ich habe viel positives Feedback erhalten, das bleibt mir in Erinnerung. Aber ich war auch noch nie vorher so selbstsicher, einfallsreich, unermüdlich, talentiert und musikalisch. Es kann klar auch nicht einfach hergezaubert werden und auf einmal macht's „PENG“ und man kann nahezu alles. Ein paar Grundsteine waren bei mir schon vorhanden: die musikalische Neigung, meine kreative Begabung, meine Sportlichkeit und einfach meine offene Art. Doch warum alles überdurchschnittlich gut lief, ist doch eigentlich unverständlich.

Öfters ging ich zu meinem Lieblingsrestaurant und sobald ich mich niedersetzte, kamen schon wieder viele Urlauber von dem Hotel, in dem ich arbeitete, und genossen mein Entertainmentprogramm: Ich ging hinter die Bar, tanzte, sprang auf den Stuhl und machte das Essen zum interessanten Showerlebnis für jedermann. Zwischendrin ein kleiner Smalltalk mit ein paar Stammgästen auf Englisch und dann ging es weiter.

Ich habe mich auffällig verhalten, weil ich Spaß daran hatte, weil es mir einfach gut ging, doch andere machten sich große Sorgen. Es wurde geredet und geredet: „Sie muss doch wahnsinnig geworden sein?! Das ist doch nicht normal?“ Und, ja, im Nachhinein hatten sie recht: Ganz normal war das wirklich nicht, doch in diesen Tagen habe ich mich zum ersten Mal in meinem Leben nicht für andere verstellt, habe mich so verhalten, wie es für MICH gut war, habe Sachen gemacht, die ich mir vorher nie zugetraut hätte. Ich hatte mich sehr oft von meinem Freund beeinflussen und mir Sachen verbieten lassen, die eigentlich nur mich etwas angehen.

In der Türkei habe ich mir dann mein erstes Tattoo stechen lassen, ein zweites kam nach. Und ich habe mir außerdem mit meinen zwei Freundinnen ein Zungenpiercing stechen lassen. Doch nicht nur Tattoos und Piercings sind Zeichen dafür, dass ich mir mehr Sachen zugetraut habe. Ich wurde insgesamt selbstbewusster, verhielt mich so, wie es mir Freude gemacht hat und mir hat es auch nichts ausgemacht, wenn die Leute auf mich geschaut haben. Ich war verrückt, genau, aber das fand ich auch gut so. Anders als die anderen. Wie langweilig wäre doch die Welt, wenn sich jeder gleich verhalten würde. Ich war anders.

„Wenn das Leben dir hundert Gründe zum Weinen gibt, zeige dem Leben, dass du tausend Gründe zum Lächeln hast.“ Nach diesem Motto habe ich gelebt. Ich hatte Spaß daran, Sachen zu machen, die für andere ungewöhnlich erscheinen, weil ich gemerkt habe, wie viele Menschen ich dadurch zum Lachen gebracht habe. Schon damals, als ich mit einem Freund durch die Fußgängerzone in Würzburg lief, bemerkte ich, wie wenig Menschen ein Lächeln auf dem Gesicht haben. Die meisten schauten nur verbittert, grüßten nicht, waren unfreundlich. In der Türkei habe ich durch meine Offenheit gemerkt, wie einfach es ist, ein Gespräch mit Menschen anzufangen, wenn man sich einfach traut und vielleicht den ersten Schritt geht. Ich habe gemerkt, wie einfach es ist, den Menschen ein Lächeln auf das Gesicht zu zaubern – ich fühlte mich gut.

Doch das alles war nur ein "Scheinglück". Ich fühlte mich glücklich, stark, als ob mich nichts mehr halten könnte. „Remember my name“ – auf Deutsch: Erinnere dich an meinen Namen!, sagte ich zu jedem, als ich mich verabschiedet habe, weil ich gedacht habe, dass ich jetzt die Welt rocken könnte. Ich war von mir überzeugt und war mir sicher, dass in Deutschland auch alles unbeschwert weitergehen kann. Ich hatte immer ein Lächeln im Gesicht. Doch meine Familie, mein Freund David und auch seine Mutter spürten, dass etwas nicht in Ordnung war. Ich war so sehr mit mir, meinen kreativen Phasen, meinen Gesangsorgien, den Turneinheiten im Zimmer, mit Werbung machen, Sprachen lernen usw. beschäftigt, dass ich den

Kontakt nach Hause einschränkte. Größtenteils zumindest zu David, weil mir ein sehr komisches Gefühl ihm gegenüber aufkam. Es ist schwer zu beschreiben, aber in der Zeit habe ich gemerkt, wie wenig er mir zugetraut hat, wie stark er mich eingeschränkt hat und dass wir vielleicht doch nicht so füreinander geschaffen waren, wie ich es immer gedacht hatte. Aber er machte sich Sorgen um mich, genauso wie seine Familie und vor allem meine Familie. Es wurde beschlossen, mich vorzeitig abzuholen. Da meine Eltern noch nie geflogen sind, erledigten das David und seine Mutter.

Goodbye Turkey

Sie sind also extra in die Türkei geflogen, um mich vorzeitig abzuholen, obwohl ich schon für drei Tage später mein Ticket hatte. Ich fand es vollkommen unnötig, ich wollte eigentlich noch die letzten Tage weiterarbeiten: „Jetzt habe ich seit Mitte Juli durchgehalten, jetzt schaff′ ich die letzten vier Tage auch noch. Lächerlich, dass sie mich jetzt vorzeitig abholen wollen“, dachte ich mir. Ich habe mich mit dem Team gut verstanden, nur mit zwei Mädels hatte ich Zoff, aber das kommt eben unter Mädels mal vor. Ich hatte eine schöne Zeit, aber ich war machtlos. Als ich mich eigentlich für die Mini Disco und für das Programm danach fertiggemacht habe, kamen David und Melanie (seine Mutter) ins Zimmer. Schon vorher wurde mir gesagt, dass sie kämen, weil es besser sei, wenn ich nach Hause gehe, aber ich habe das keinem geglaubt, weil ich es, wie gesagt, unnötig fand. Ich begrüßte zuerst seine Mutter, dann umarmte ich auch meinen Freund. Ich sollte erklären, was passiert ist, doch mir fehlten irgendwie die Worte. So ganz genau wusste ich nicht, was das Problem war. Im Hotel aßen wir erstmal ausgiebig zu Abend. Danach sind wir in die Shops im Hotel gegangen, um nochmal die letzten Schnäppchen zu ergattern, und ich nutzte die Gelegenheit, meiner Lieblingsbeschäftigung, dem Werbung machen, nachzugehen.

Anschließend gab es eine besondere Show, die wir vorher noch nie im Programm hatten. Wir schauten sie an, danach ging es zur Beachbar, wo ich endlich mal wieder tanzen konnte – ich habe es genossen und ich merkte, wie sehr ich wirklich die Arbeit liebte. Ich ging auf die Bühne, tanzte, machte etwas Show, doch dann war auch schon wieder Schlafenszeit (und ich war wieder nicht müde). Am nächsten Tag haben wir gefrühstückt, danach konnte ich Melanie und David das Hotel zeigen, in dem ich die ganzen Wochen gearbeitet hatte, und anschließend sind wir zur Einkaufsstraße gelaufen. Dort fühlte ich mich sehr wohl, denn es war inzwischen wie meine zweite Heimat. Wir gingen noch einmal zum Abschluss in meinem Lieblingsrestaurant essen und ich konnte zuvor beim Shoppen sogar noch ein bisschen Werbung in den kleinen Geschäften machen. Ich wäre gern noch bis zum 30. September (wie eigentlich geplant) geblieben, aber der Heimflug war bereits gebucht. Wir bezahlten noch die Kosten von meinem zweiten Tattoo, trafen uns also mit Sammy (dem Tattoo-Ladenbesitzer), verabschiedeten uns und dann ging es zurück nach Erfurt zum Flughafen.

Daheim und manisch – was jetzt?

Dort empfing mich meine Familie sehr herzlich, alle waren für mich da, ich spürte ihre Liebe und wie sehr sie mich vermisst hatten. Dieses Gefühl habe ich aber bei David, meinem Freund, nicht gespürt. Zwischen uns war es kalt und distanziert. Schon als ich ihn in der Türkei wiedergesehen habe, war es nicht so, als ob ich meinen Freund wiedersehe, sondern eher einen Kumpel.

Schon während der Heimfahrt habe ich alles anders wahrgenommen, es ist schwer zu beschreiben, aber ich fühlte mich wie in einer anderen Welt. Daheim angekommen sprudelten viele Eindrücke auf mich ein, zu viele. Alles kam mir so anders vor, so neu, obwohl eigentlich alles beim Alten war. Ich bin durch alle Räume gejagt, habe so viele Sachen entdeckt, die für mich in dieser manischen Phase interessant waren. Ich wollte alle Informationen, die ich irgendwo aufgeschnappt hatte, so schnell und so gut wie möglich verarbeiten, und das funktionierte auch! Ein kleines Schlagwort genügte und löste in mir so viele Denkanstöße oder kreative Einfälle aus, die ich sofort umsetzen musste.

Meine Tage daheim liefen so ab:

Ich machte viel Sport. Aber nicht in einem normalen Maß, nein, ich habe es übertrieben. Ich bin Fahrrad gefahren, bin joggen und schwimmen gegangen und das alles an einem Tag. Wahnsinn, dass ich es trotzdem überhaupt noch zum Essen schaffte, aber das verdanke ich auch meiner Familie, die immer versuchte, mich in den „normalen“ Tagesablauf einzubinden.

Ich war sehr kreativ und malte sehr viel. Sehr oft kam es aber auch zu einem kreativen Feuerwerk, möchte man sagen, und es konnte auch passieren, dass mein komplettes Zimmer dekoriert wurde. Nicht immer blieben Möbel oder der Teppich verschont. Meine High Heels kamen auch daheim zum Einsatz und ich tanzte im Zimmer herum, und was natürlich nahezu permanent dazukam, war das Singen: egal wo, egal wann, ob früh am Morgen oder mitten in der Nacht.

Ich dachte, ich bin ein Star, mein Gehirn spielte einen verdammt großen Streich mit mir. Ich sang und tanzte vor dem Laptop, weil ich glaubte (und das ist kein Scherz!), ich wäre mit Stars durch das Internet verbunden und könnte mit diesen singen. Meine Lieblinge: Linkin Park, Metallica (Nothing else matters), Culcha Candela, Avril Lavigne und wen ich nicht vergessen darf, ein Mensch, der für mich eine sehr große Rolle im Leben spielt: Robbie Williams! Überall begleitete mich mein Musikrausch und die feste Überzeugung, ein Star zu sein.

Meine Eltern und meine ganze Familie versuchten mir zu helfen, wieder am normalen Alltagsleben teilzunehmen. Sie gingen mit mir spazieren und hofften, dass ich zumindest währenddessen die Musik einmal in den Hintergrund bringen könnte, doch das gelang leider nicht. Ich setzte meine Kopfhörer auf, sprang auf Heuballen herum, rannte durch die Felder und genoss einfach mein Leben.

Was unbedingt zu erwähnen ist, was meine Familie nie vergessen wird, war der Gang zur Eisdiele. Mit Krawatte, Maske und Stäbchen in den Haaren kreierte ich einen sehr speziellen Haarschmuck. Auch mein Outfit war nicht ohne: Leggings, darüber Shorts und wieder darüber meine weißen Leopardenspitzenleggins, lila Trainingsjacke. Mama schaute etwas verdutzt und fragte mich: „Ist das die richtige Kleidung für die Eisdiele?" Ich reagierte darauf selbstbewusst und war begeistert von meinem kreativen Look: „Ja, das ist stylisch und mir gefällt es!"

Meine Mama machte mich noch einmal darauf aufmerksam, meine Kleidung zu überdenken, und entgegnete: „Meinst du nicht, die Leute aus unserer Stadt sind zu konservativ und zu spießig für deinen Look?"

Ich aber ließ mich nicht beirren: „Nein, das passt so!" Und ohne darüber nachzudenken, ob mein Outfit zu auffällig wäre für unsere Kleinstadt, stieg ich selbstbewusst ins Auto und ging genau so, ohne etwas zu ändern, in die Eisdiele. Meine Familie wird dieses Erlebnis niemals vergessen. Die Leute schauten mich an wie eine exotische Erscheinung: Doch das ist mir selbst gar nicht bewusst gewesen, ich war sehr von meinem Look begeistert und mir war egal, was andere denken oder sagen.

Soziale Kontakte pflegte ich in dieser Zeit kaum. Ich war viel zu sehr mit meiner „Gesangskarriere" beschäftigt und hoffte einfach, dass ich so bald wie möglich nach L.A. fliegen könnte, um meinen Talenten dort freien Lauf zu lassen. Wer mir das ermöglichen würde? Tja, leider keiner. Ich aber dachte ja, dass ich in Kontakt mit Sängern wäre, vor allem mit Robbie Williams, und hatte wirklich den Glauben daran, mit ihm zusammen eine Karriere zu starten. Mein Gehirn spielte mit mir und ich genoss einfach nur dieses Gefühl von Freiheit und endloser Energie und erkannte dabei nicht, dass das nur ein Schein ist, der die Realität verschleiert.

Was mir auch in den Kopf kommt, wenn ich an diese Zeit denke, ist meine Natur- und Gottverbundenheit. Ich bewunderte die Wunder der Natur und war dankbar für jedes schöne Naturwunder, einen wunderschönen Himmel oder einen Sonnenuntergang.

Ich gönnte meinem Körper keine Pause. Ich machte so viel und alles, wie schon erwähnt, in einem übertriebenen Maß. Ich selbst erkannte aber keine Krankheit hinter dem Ganzen; ich fühlte mich so unbeschwert, ein Gefühl von Freiheit, wie ich es vorher noch nie erlebt hatte.

Doch dieses Freiheitsgefühl wurde bald, sagen wir, eingeschränkt. Als ich wirklich kaum noch geschlafen habe und es anfing gefährlich zu werden, entschlossen meine Eltern mit Absprache meines Hausarztes, mich in die Psychiatrie zu fahren. Was ich Gefährliches gemacht habe, außer nicht geschlafen zu haben und nur durchzupowern? Ich bin auf unser Hausdach und habe auf diesem getanzt und gesungen, ohne Angst und ohne dahinter eine Gefahr zu sehen. Ich habe diesen Energiekick gebraucht!

Auf nach L.A.?

Ich selbst war sowieso in Aufbruchsstimmung, dachte aber nicht an die Psychiatrie, sondern an L.A.!

Ich packte einen Tag bevor ich in die Nervenklinik gebracht wurde meinen Koffer, muss aber dazu sagen, dass ich alles Mögliche für meine Reise nach Los Angeles mitnehmen wollte: Mein Dirndl und eine Wärmflasche durften zum Beispiel nicht fehlen! In dieser Nacht war mir noch nicht bewusst, was am nächsten Tag geschehen würde. Ich redete mit meinen Eltern: „Ich will nach L.A. fliegen!“ Meine Eltern wollten mich natürlich davon abhalten, ich reagierte patzig und verstand die Reaktion meiner Eltern nicht.

Am nächsten Tag brachten mich meine Eltern dazu, wirklich mit in die Klinik zu gehen. Wie sie das geschafft haben? Um ehrlich zu sein wusste ich nicht, was wirklich passiert. Klar, meine Eltern redeten von Klinik und dass ich Hilfe bräuchte, aber für mich war dies alles irrsinnig. Ich hatte nur die Musik und Robbie Williams im Kopf. Doch dazu gleich mehr.

Ich werde nie vergessen, wie ich mit meinem Vater in unserem Auto saß und mit ihm redete, bevor wir losgefahren sind. Zum ersten Mal habe ich meinen Vater weinen gesehen. Ich wusste nicht, wie ich damit umgehen sollte, und konnte keine passenden Worte finden, denn mir war nicht bewusst, was in den nächsten vier Wochen passieren würde.

Ich habe gedacht, es ist wie ein Spiel, jeder spielt mit und eigentlich weiß jeder Bescheid, dass ich bald nicht mehr daheim, sondern in L.A. wohnen würde. Ich war der festen

Überzeugung, dass mich Robbie Williams abholen und für mich da sein würde, um mich bei meiner musikalischen Karriere zu unterstützen, aber auch mit mir zusammenleben würde. Aus diesem Grunde bin ich mitgefahren, habe das aber zu diesem Zeitpunkt keinem erzählt. Ich war einfach nicht mehr im realen Leben, sondern in meiner Traumwelt, die ich nur mit meinen Lieblingsfarben bepinselte.

In der Nähe der Klinik angekommen, machten wir erst einmal einen Abstecher ins McDonald‘s. Auf dem Parkplatz tanzte ich, machte Party mit meinem iPod Touch in der Hand, wie fast immer, wenn ich unterwegs war. Schon auf der Hinfahrt im Auto sang ich, streckte meine Hände aus dem Fenster, präsentierte meine schwarzen High Heels und genoss die Autofahrt. Warum? Weil ich alles nicht realisiert habe. Ich ging im McDonald‘s auf die Toilette, bemerkte die mangelnde Hygiene und ging kurzentschlossen zu einer Mitarbeiterin und berichtete ihr von dem Zustand, freundlich, aber dennoch eindeutig: „Entschuldigen Sie, die Toiletten sind nicht so schön wie immer!“ Die Verkäuferin schaute mich verdutzt an und ich ging aus dem McDonald‘s heraus und machte weiter mit tanzen, singen und entertainen. Ich war ein Eyecatcher. Nach dem Besuch fuhren wir weiter Richtung Klinik.

Auf dem Gelände der Klinik angekommen, habe ich erstmal wieder entertained, getanzt und meine Lieblingslieder gesungen. Ich dachte, ich werde schon die ganze Zeit von Kameramännern aufgenommen und wartete insgeheim darauf, dass Robbie mit einem Motorrad kommt (deswegen hatte ich auch meinen Motorradhelm mitgenommen), mich abholt und wir zum Flughafen fahren, nach L.A. fliegen, um dort ein neues Leben zu beginnen – zusammen. Ich verhielt mich wieder sehr auffällig, steckte Federn in meine Haare, tanzte um Bäume herum, legte Botschaften aus Blättern und Steinen, da ich Signale geben wollte, um Robbie auf mich aufmerksam zu machen. In diesem Zustand hätte Robbie mich bestimmt nicht übersehen.

Meine Familie nutzte die Chance, als ich auf Toilette musste, und suchte diese mit mir im Klinikgebäude (was ich nicht als Klinikgebäude wahrgenommen habe). Ich stolzierte durch die Gänge und wurde dann von einer sehr freundlichen älteren Dame (eine Krankenschwester) direkt auf die geschlossene Station durchgewunken.

Ab in die Geschlossene

Sie erkannte sofort, dass etwas nicht stimmte und ich manisch war, denn so ein auffälliges Verhalten und ein enorm auffallender Kopfschmuck gab ihr sofort dieses Signal: ab in die Geschlossene. Es gab ein Aufnahmegespräch. Meine Unterschrift gab ich, ohne zu zögern, da ich mir vorkam, als ob ich eine kleine Autogrammstunde hätte. Anschließend wurde ich in ein Doppelzimmer gebracht und von einer anderen Schwester empfangen. Ich war sehr höflich und bedankte mich, als ich erfuhr, dass ich erstmal auf Station bleiben musste und Medikamente bekommen würde. Als der Arzt mich sah, bemerkte er auch gleich meine zwei Uhren am Handgelenk, mein Markenzeichen. Ich habe später sogar Patienten inspiriert, da einer (ich nannte ihn immer Hugo Boss) auch damit anfing, zwei Uhren zu tragen.

Die Tage in der Klinik liefen so ab: Ich habe weiterhin sehr viel getanzt und viel gesungen. Doch nicht nur für mich im Zimmer, nein, ich habe alle Patienten entertained, um Stimmung auf der Station zu verbreiten. Auch die Aufforderung der Schwestern, das Singen und Tanzen einzuschränken, konnte mich nicht abbremsen. Ich musste einfach meine im Übermaß vorhandene Energie herauslassen. Deshalb hielt ich mich oft in einem Gruppenraum auf, den ich zum Sportmachen nutzte. Eine Gymnastikmatte genügte, um meinen Körper zu trainieren bzw. zu verrenken. Selbst im Bett machte ich diese Übungen, weil es mir auch da sehr schwerfiel, einfach mal nichts zu machen. Manchmal lief ich auch im Gang vor und zurück und las laut aus verschiedenen Büchern vor, wie zum Beispiel aus „Die 12

Geschworenen", weil ich Parallelen zwischen den Patienten und den Hauptfiguren der Bücher feststellen konnte. Ich wollte niemanden belehren, nein, ich wollte unterhalten. Auch meine Zimmernachbarin war von meinem Unterhaltungsprogramm begeistert und ein Patient bezeichnete meine Stimme in einem Brief, den er an mich schrieb, als Engelsstimme.

Eine Leidenschaft von mir war und ist auch immer noch das Malen. Ich malte viel und ließ meinen kreativen Gedankenstößen und kreativen Phasen ihren Lauf und tobte mich aus.

Neben dem Malen darf man auch das Verfassen von eigenen Texten und Zitaten nicht vergessen. Ganz egal, ob in Gemälden oder auch in meinen Texten, immer spiegelte sich auch die Nähe zu Gott wider.

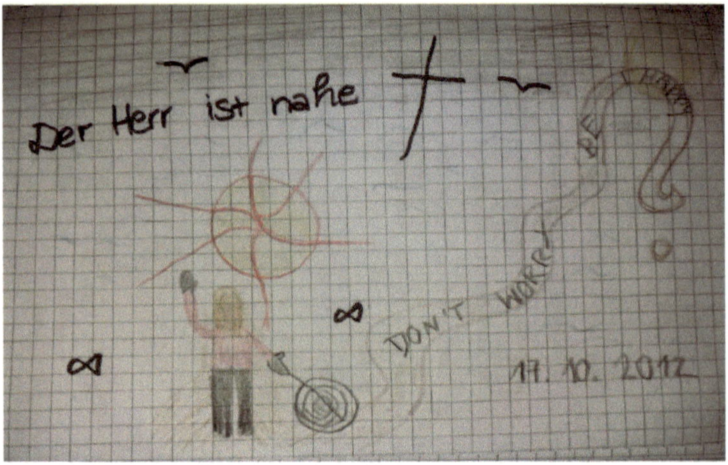

Einige Beispiele im Folgenden:

„Warten auf
… Vernunft
… Heimat
… Liebe
… Geborgenheit
… Zukunft
Eine endlose Warteschleife …
Für mich gibt es nur einen richtigen ehrlichen Halt: Die Liebe Gottes, die uns allen den Weg richtet.“

„Ich fühlte mich wie ein Stehstuhl, Baujahr 1992. Von außen etwas schlichter gehalten, schwarz, lackiert, aber sehr elegant.
Mag vielleicht etwas zerbrechlich und ganz und gar nicht stabil aussehen, hat aber mehr Power als eine morsche, hölzerne Bierbank.“

Auch einen eigenen Rap schrieb ich am 12.10.2012:

„Dieses Lied geht an alle Knastis, ihr Insassen, da draußen:
Hey Ho, hier kommt der Rap:
Die Chance zum Weiterleben hört niemals auf, bleibt stark, be strong, die Mädels und die Boys warten auf euch:
Kopf hoch, go ahead, schüttel dich wach, steht auf, Stehaufmännchen, beugt euch nicht vor der Angst, bleibt stark, ob jung oder alt, wir sind alle forever young, wir sprechen euch an!
Die Zukunft steht euch offen zu jeder Zeit, zeitlose Mädels und Boys.
Ihr legt zerschmettert am Boden, weint vor Angst, zittert am ganzen Körper, doch keiner weiß eigentlich Bescheid warum, why is life like that? Why ...?
Warum kommt keine Hilfe von außen? Warum ist jeder zu feige die Wahrheit zu sagen und zu ertragen? Why? Warum?
Lies everywhere! Lügen überall!
Dieser Song geht an alle Knastis, ihr Insassen, da draußen:
Hebt die Scherben auf, fügt sie zusammen und lebt!!! I will fix you!
Everything will be allright! Alles wird gut! Kopf hoch!
Wenn ihr dann draußen seid, geht euren Weg und packt die ganze Zukunft an!
Bewegt euren Arsch und verwirklicht eure Träume, die im Inneren von euch schlummern, auch wenn keine Freiheit in Aussicht ist! Peace, Freedom, Equality and Love!“

Gefangen

„Gefangen!
Das kleine Mädchen, das nicht mehr klein war, ging für eine längere Zeit in die Türkei. Sie arbeitete viel, lange und hart. Sie wuchs über sich hinaus und war dankbar, dass sie nun viele Talente, die in ihr schlummerten, entdeckt hat.
Ihre Familie, die ihr immer sehr nahestand (und auch immer wird), erkannte das „neue" kleine Mädchen nicht wieder und steckte sie in eine Psychiatrie.
Das findet ihr unfair? – Ja, ist es auch.
Aber die Familie meinte es nur gut, wollte das Beste für sie, obwohl für sie das Beste wäre, die Familie immer bei sich zu haben und nicht „weggesperrt" zu werden.
Like in a prison. Aber ich liebe euch!"

Jeden Tag wartete ich am Fenster, da ich wusste, dass mich jemand aus meiner Familie besuchen kommt. Ich stand bereit und wenn ich beispielsweise meinen Vater und meine Mutter sah, winkte ich ihnen voller Freude zu. Da ich anfangs auf der geschlossenen Station war, durfte ich nicht rausgehen und fühlte mich wie in einem Gefängnis und konnte die Außenwelt nur durch mein Fenster wahrnehmen.

Dieses Bild habe ich in der Zeit gemalt, in der ich auf der geschlossenen Station war.

Vier Wochen war ich in der Klinik: Erst zwei Wochen auf der geschlossenen Station, danach konnte ich zum Glück schon auf die offene Station, in der einiges an Programm geboten wurde. Unter anderem gab es Maltherapien, verschiedene Sportangebote und sogar eine Musikgruppe. Meine Alleinunterhaltung gab ich zwar nicht komplett auf, schränkte diese aber schon ein und langsam wurde mir auch bewusst, dass ich wohl wirklich krank war. Zu krank um zu realisieren, dass das, woran ich geglaubt hatte, nur eine Projektion meines größten Wunsches war: Robbie Williams zu sehen, mit ihm zu singen und noch vieles mehr … oder allgemein: ein Star zu sein. Ich dachte, ich hätte Potenzial, würde entdeckt und ein neues Leben anfangen. Doch zum Glück besiegte mein Verstand relativ schnell den unmöglichen Wunsch und gab mir zu verstehen, dass sich im Grunde nichts geändert hat. Ich bin immer noch die Lena, die zwar gewiss Talente hat, diese aber noch keiner entdeckt hat, zumindest kein Robbie Williams – leider.

Trotzdem konnte ich nicht damit aufhören, weiter zu träumen, und ein kleines bisschen Hoffnung war doch noch vorhanden, denn mich komplett damit abfinden, dass alles nicht der Wahrheit entsprach, war sehr schwierig.

Dieser Text von Martin Luther King Junior hat mich so bewegt, dass ich ihn aufschreiben musste.

Am 24.10.12 schrieb ich wieder folgenden Text: Feeling like a child

<u>Feeling like a child</u>

„Sie sagten, ich bin wie ein Kind ... Na und? Wer möchte sich nicht mal wieder wie ein Kind fühlen? Leben, Lachen, das sagen, was man denkt. Lebe dein Leben!

Ich bin stolz, noch wie ein Kind zu sein.

Und jetzt lieg ich hier, freu mich wie ein Kind, dass ich nur noch zweimal schlafen muss, bis ich die Freiheit wieder zurückhabe. Und ich fühle mich gut … Ich liebe dieses Leben!“

Raus aus der Klinik und wieder nach Hause

Endlich wurde ich aus der Klinik entlassen. Und was fiel dem Arzt beim Abschlussgespräch als erstes auf? „Sehen Sie, jetzt tragen sie nur noch eine Uhr“, sagte er schmunzelnd.

Ich glaube, es ist kein Wunder, was dann nach vier Wochen Therapie in der Klinik folgte: wieder eine sehr schwere Zeit, denn erst nach und nach bin ich wieder im normalen Leben angekommen.

In dieser schweren Zeit begleitete mich meine Familie und ein neues Familienmitglied kam dazu: Ludo, mein eigener Hund. Wie es dazu kam? In der Klinik kam mir der Wunsch auf, unbedingt einen eigenen Hund zu besitzen. In der Nähe vom Klinikum gab es eine Hundewiese und ich war ganz begeistert von den lustigen Vierbeinern. Meine Mama hat mir versprochen, dass ich nach der schweren Klinikzeit einen Hund bekomme.

Mein erster eigener Hund

Die Suche nach meinem Hund begann zuerst im Tierheim. Dort verliebte ich mich sofort in einen großen, schwarzen und wuscheligen Hund namens Bodo. Ich rannte mit ihm durch die Gegend und mir war klar: Das ist mein Traumhund. Meine Mutter allerdings war gar nicht begeistert und war abgeschreckt von Bodos Größe: „Der braucht viel zu viel Platz und Auslauf", erklärte sie mir. Die Folge dessen: Sie suchte für mich nach kleinen Hunden und entdeckte eine Anzeige, in der kleine Chihuahua-Welpen angeboten wurden. An Halloween 2012 besuchten wir also die Züchterin der kleinen Hundebabys. Ich war wirklich begeistert von den süßen und gut gepflegten Welpen.

Doch ein Hund faszinierte mich am meisten: ein Hund mit besonderem Fell und zwei unterschiedlichen Augenfarben. Ich nahm ihn auf den Arm und spürte einfach: „Das ist mein Hund." Er war entspannt und ruhig. Zuvor hatte ich einen anderen Chihuahua auf den Arm, der zitterte und ängstlich war.

Meinen kleinen süßen Chihuahua-Mischling nannte ich „Ludo“ und ich könnte mir gar keinen anderen Hund mehr vorstellen, der besser zu mir passt als er.

Urlaub in der Steiermark

Im Winter hat uns mein Onkel als Überraschung in die Steiermark zum Skifahren eingeladen. Dank ihm durften mein kleiner Bruder Daniel und ich an einem Skikurs teilnehmen. Der Aufenthalt hat mir richtig gutgetan: Die Natur, meine Familie, die Berge, das Skifahren und mein kleiner Ludo durfte natürlich auch nicht fehlen. In Papas Jacke eingekuschelt, beobachtete er mich beim Fahren.

Viele lustige Momente bleiben im Gedächtnis, zum Beispiel, als ich mit meinem Bruder zusammen am Kinderlift stand und ich die Kinderstrecke fuhr. Oder als ich mich an den Sessellift klammerte, da ich es nicht schaffte, mich darauf zu setzen, so, wie es eigentlich gedacht war. Meine Fahrkünste verbesserten sich rasant, doch leider hatte ich ein Problem: Das Bremsen funktionierte noch nicht so gut. Die Folge war, dass ich leider mit Vollgas eine Bruchlandung machen musste, um nicht in meine Mama zu fahren. Zum Glück ist aber nichts passiert außer ein paar Tränen in den Augen – vor Lachen! Es war wirklich ein schöner und lustiger Kurzurlaub!

Wie geht es beruflich weiter?

Meine Pläne und Vorhaben bezüglich des Studiums haben sich alle nach hinten verschoben. Ich musste ein ganzes Jahr aussetzen, um mich wieder zu regenerieren, denn in dieser manischen Zeit haben mein Gehirn und mein Körper allgemein viel Akku verbraucht und die Kapazität wurde überschritten. Die Ärzte in der Klinik haben gemeint, man muss sich mindestens ein Jahr Auszeit nehmen nach einer manischen Phase, in der man seinen Kopf so überanstrengt hat. Mein Leben kann man sich wie mit einem Graphen in der Mathematik mit Hebungen und Senkungen vorstellen. Es gibt Hochs und Tiefs. Nach einem Hoch kommt auch wieder ein Tief und so war das auch bei mir. Zwar nicht so schlimm, dass ich in die Klinik musste, aber es war auf jeden Fall nicht immer einfach für mich. Ich musste weiterhin die Medikamente nehmen, die mich so stark eingedämmt hatten, dass ich mich kaum wiedererkannte. Ich wurde ruhiger und war nicht mehr so aktiv. Die Medikamente waren aber notwendig, um gegen die manische Phase anzukämpfen. Um weiterhin stabil zu bleiben und um eine zweite Manie zu verhindern, nahm ich die Medikamente jeden Tag ein, bekam jedoch Nebenwirkungen. Die größte Nebenwirkung war, dass ich viel mehr Appetit hatte und ich kaum dagegensteuern konnte. Ich musste einfach meinem Verlangen nach Süßem nachgehen und war machtlos. Es folgte eine sehr schnelle und enorme Gewichtszunahme. Dies nagte an meinem Selbstbewusstsein: Ich habe mich verkrochen und wollte nicht mehr unter Leute, weil ich mich so schämte. Nicht nur wegen meines Gewichts.

Ich wollte Fragen und Gesprächen generell aus dem Weg gehen.

Zum Glück wurde im Sommer das Medikament, das die Gewichtszunahme verursacht hatte, abgesetzt, und dann ging es auch wieder aufwärts. Stück für Stück verlor ich an Gewicht und somit steigerte sich auch wieder mein Selbstbewusstsein. Das Abnehmen war wirklich nicht einfach, aber mit viel Disziplin und Willensstärke habe ich es geschafft. Mir ging es allgemein wieder besser und ich fühlte mich stabil genug, ein neues Studium anzufangen. Ich bin daher im Oktober nach Würzburg gezogen und habe dort das Studium „Wirtschaftswissenschaften" begonnen. Ich bemerkte allerdings sehr früh, dass das Studium nichts für mich ist. Den ganzen Tag in der Uni zu sitzen und sich nur mit Theorie den Kopf vollzupumpen war nicht mein Ding, denn mir fehlte einfach die Praxis.

In meiner Freizeit versuchte ich einen guten Ausgleich zur Theorie zu schaffen und ging mehrmals in der Woche zum Sport (Zumba, Handball usw.). Trotzdem habe ich wieder Schlafprobleme bekommen.

Deshalb beschloss ich, das Studium Wirtschaftswissenschaften zu beenden und fing an, bei s. Oliver in Würzburg zu arbeiten.

Eine enttäuschende Affäre

Auch in meinem Privatleben habe ich eine schwere Enttäuschung erlebt. Ich lernte einen netten Mann kennen und verliebte mich sehr. Dieser hatte aber eine Freundin und wir hatten eine Affäre. Wir trafen uns heimlich und das nicht gerade selten. Das entscheidendste Erlebnis für mich in dieser Zeit aber war eine Feier bei seiner Freundin. Ich war bei ihr und wir tranken eine Menge Alkohol zusammen. Für mich war es so schwer, beide glücklich zusammen zu sehen, vor allem war ich die, die mit ihm am Abend zuvor noch zusammen gewesen war. Ich ertrank meinen Frust im Alkohol. Wir spielten ein Saufspiel und ich musste einen Schnaps nach dem anderen trinken. Ab diesem Zeitpunkt hatte ich einen Filmriss. Ich kann mich nur noch daran erinnern, dass ich am nächsten Morgen woanders aufwachte. Und wo? Ich wachte im Krankenhaus auf, ohne Kleidung, nur mit einem Schlafkittel und mit einer Windel bekleidet. Ich war geschockt. Wie konnte das passieren? Ich hatte einfach keine Erinnerung mehr, alles war weg. Der Arzt erklärte mir dann, dass ich eine Alkoholvergiftung hatte und auf der Intensivstation war. Mir wurde gesagt, dass in dieser Nacht auch ein Teil von meiner Familie da war.

Glück im Unglück

Ich hatte Glück, dass ich diesen Abend gut überstanden hatte. Doch nur, weil jemand den Krankenwagen gerufen hatte. Gerade noch rechtzeitig, um noch Schlimmeres zu verhindern. Angeblich war ich einfach umgekippt.

Nachdem ich über alles aufgeklärt wurde, hatte ich Angst vor der Reaktion meiner Eltern. Ich traute mich nicht nach Hause. Ich ließ mich von einer Freundin aus meinem Freundeskreis abholen und wir sind gemeinsam zu meinen Eltern gefahren. Meine Eltern reagierten so, wie es zu erwarten war: Sie waren nicht begeistert von dem Vorfall, aber sie waren erleichtert, mich wiederzusehen. Sie machten meinen Freunden zwar keine Vorwürfe, aber dennoch erklärten sie, was alles hätte passieren können. Alle schauten nur wortlos und hatten ein schlechtes Gewissen.

Nach diesem Vorfall lief die Affäre weiter, doch nach einiger Zeit beendete er die „Beziehung“ mit mir und kehrte zu seiner alten Liebe zurück. Ich fühlte mich ausgenutzt und verarscht. Ich konnte meine Emotionen nicht verbergen, weinte und schrie ihn an, da ich alles nicht verstehen konnte. Wir waren doch sehr glücklich?! Dazu kam auch noch, dass seine Freunde mich über Facebook verletzten und beleidigten. Beleidigungen, die mich sehr trafen. Cybermobbing war das und das tat sehr weh!

Irgendwas stimmt doch mit mir nicht?

Auch meine gesundheitlichen Probleme wurden nicht besser, im Gegenteil. Ich bekam eine starke Blasenentzündung, die sehr lange andauerte. Das Schlimmste aber waren meine Schlafprobleme. Ich war am Verzweifeln und fragte nach Rat. Ich probierte alles Mögliche aus: einen Tee zum Beruhigen und Einschlafen, eine heiße Badewanne, Baldriandragees und entspannende Musik, doch nichts funktionierte. Ich bekam Angst, weil ich wusste, dass meine letzte Manie mit Schlafproblemen angefangen hatte. Doch nicht nur meine Schlafprobleme machten mir Sorgen: Ich hatte sehr große Ängste, vor allem, wenn ich allein in meinem Zimmer war. Unsere WG in Würzburg befand sich im Erdgeschoss und sowohl durch mein Fenster als auch durch die Haustüre könnte mich jederzeit jemand beobachten, dachte ich mir. Das versetzte mich so in Panik, dass ich nachts nicht einmal mehr an der Haustüre vorbei zur Toilette gehen wollte.

Ich spürte, dass etwas nicht stimmte, und ließ mich von meiner Mitbewohnerin ins Krankenhaus in Würzburg fahren. Doch der Notdienst verstand nicht viel von einer Manie und nahm die Lage nicht so ernst. Das einzige, was passierte: eine Tablette Tavor, ein sehr starkes Medikament, das ich nehmen sollte und das mich für viele Stunden zum Schlafen bringen sollte. Ich nahm die Tablette, wir fuhren wieder in unsere WG und ich legte mich schlafen. Das klappte zum Glück, aber nach drei Stunden war ich wieder wach und wusste wirklich nicht mehr weiter. Daraufhin rief ich meine Eltern an, die sofort handelten und beschlossen, mich abzuholen. Ich selbst äußerte den

Wunsch, wieder in die Klinik zu gehen. Deshalb hieß es vorerst: Goodbye Würzburg. Meine Eltern räumten mit mir die Wohnung aus und meine Freunde kamen zum Abschied. Auch Peter, ein sehr guter Freund, den ich schon während meiner Arbeit bei s. Oliver kennengelernt hatte, verabschiedete sich von mir und nahm mich in den Arm. Es flossen viele Tränen, denn man wusste ja nicht, wann man sich wiedersehen würde. Mein Papa verteilte noch an jeden meiner Freunde kleine Rosenkränze und dann ging es wieder ab in die Klinik.

Doch dort wollten mich die Ärzte nur eine Stunde am Tag aufs Gelände lassen und das war mir zu wenig. Ich telefonierte entsetzt mit meiner Mutter: „Die fangen wieder an mich einzusperren und wollen mich nur eine Stunde am Tag rauslassen. Das ist mir zu wenig! Es tut mir gut, wenn ich draußen bin!“

Die Oberärztin hatte eine beginnende Manie festgestellt und ihr war es wichtig, mich von allen unnötigen Reizen abzuschirmen.

Gegen ärztlichen Rat ließ ich mich aus der Klinik entlassen und fuhr mit meinen Eltern zu meiner Neurologin. Diese konnte aber keine beginnende Manie feststellen. Sie verschrieb mir ein Notfallmedikament, falls ich wieder nicht schlafen könne: Seroquel.

Daheim habe ich mich tatsächlich besser gefühlt und konnte auch wieder gut schlafen.

Seminar zum Sportteamer

Bald kam mir die Idee, wieder mit Jugendlichen zu arbeiten, und das am besten im Ausland. Deshalb schickte ich eine Bewerbung als Sportteamer zu einem Reiseveranstalter für Jugendliche. Die Aufgaben eines Sportteamers sind vielfältig: Leitung von Mountainbike- oder Kanutouren, Begleitung beim Schnorcheln oder bei Beachhandballkursen und vieles mehr. Ich wurde zu einem Wochenendseminar eingeladen, worüber ich mich sehr freute, denn ich wusste, wie viel Spaß mir die Arbeit in der Türkei gemacht hatte.

Doch das Seminar hat mich auch enorm viel Kraft gekostet, weil ich mich selbst zu sehr reinstresste, um sehr gutes Feedback zu erhalten. Ich steckte meine gesamte Energie in dieses Seminar. Nachts konnte ich wieder schwer zur Ruhe finden, bereitete Sachen für den nächsten Tag vor und konnte erst sehr spät einschlafen. Ansonsten lief aber alles spitze, bis zu dem Samstagabend, als wir den gesamten Abend in eine Rolle schlüpfen mussten. Ich nahm diese Aufgabe zu ernst, vertiefte mich zu sehr in die Rolle und war, nachdem die Aufgabe beendet war, mit den Nerven am Ende und musste weinen, weil ich dachte, nicht gut genug gewesen zu sein. Ich zweifelte, ob ich das Seminar bestehen würde. Doch dann knipste der Schalter auf einmal um und als wir in unserer freien Zeit nach den Rollenspielen noch zusammensaßen und Musik lief, fing ich wieder an zu singen und zu tanzen, auch mit den anderen. Auch am nächsten Morgen in der Dusche tanzten wir, waren noch voll im Partymodus und sangen „Atemlos“ und viele andere angesagte Hits. Ich bemerkte nicht, dass sich in mir eine Manie anbahnte. Doch so war es.

Oh nein, nicht schon wieder manisch?

Im Abschlussgespräch mit meinem Gruppenleiter war ich so erleichtert, dass das komplette Feedback positiv ausgefallen war. „Du bist einfach eine Rampensau, du gehörst unbedingt zu uns ins Team!“ Dieser Satz bleibt auch jetzt noch in meinem Gedächtnis. Die ganze Aufregung zuvor war völlig umsonst gewesen, denn ich hatte das Seminar sehr gut abgeschlossen und bestanden.

Das Wochenende zur Ausbildung als Sportteamer ging sehr schnell vorüber und schon bald hieß es wieder Abschied nehmen. Ich fuhr mit Seminarmitgliedern zum Bahnhof. Am Bahnhof fühlte ich mich beobachtet und verfolgt. Im Zug sah ich eine Frau mit blonden Haaren, welche mich an die Freundin meines Bruders erinnerte. Da sie mich bis nach Hause „begleitete“, bezeichnete ich sie sehr oft als „Bahnhofsengel“. Mir kam es so vor, als ob sie mir den richtigen Weg nach Hause leiten wollte.

Daheim angekommen fing alles wieder genauso an wie bei der ersten Manie. Ich sang, tanzte viel, dachte wieder, ich sei ein Star, der mit Robbie Williams zusammen singt. Auch war ich wieder sehr kreativ und aktiv. Ich hatte einfach diese endlose Energie.

Doch nun ein Einblick anhand einiger Notizen meiner Mutter. Sie schrieb alles genau auf, um das Erlebte besser zu verarbeiten: vom Beginn der Manie an, als ich noch zuhause war, bis zum Ende des sich anschließenden Klinikaufenthalts. Wie verläuft es diesmal? Fragen über Fragen, die Antworten folgen im Text:

Tagebucheinträge meiner Mutter

Sonntag, 06.04.2014:

Lena kommt vom Seminar zurück. Wir holen sie vom Bahnhof ab, sie ist irgendwie verändert, schneller Schritt und anderer Blick.

Daheim frag ich Lena, wie es denn war. Sie reagiert eigenartig. Sie schaut mich böse an und sagt: „Es war sehr anstrengend und ich will jetzt nicht reden." Sie verschwindet in ihr Zimmer, dann duscht sie. Später kommt Steffi kurz. Keine herzliche Begrüßung. Ich sag zu ihr: „Komm doch mit ins Wohnzimmer." Wir reden kurz miteinander. Lena sagt plötzlich: „Ihr redet wirres Zeug, ich geh jetzt in mein Zimmer". Kommt auch nicht mehr ins Wohnzimmer als ihr Papa eintrifft. Wir lassen sie in Ruhe.

Montag, 07.04.:

Lena ist sehr früh aufgestanden. Ich bin mit Ulrich gerade einkaufen. Dine ruft an: „Ich glaube, Lena ist wieder manisch. Sie singt im Zimmer und klopft gegen den Schrank." Ich komme nach Hause. Lena sitzt am Frühstückstisch. Sie kommt mir sehr verändert vor. Steffi kommt zu Besuch und fragt Lena, wie es war. Lena reagiert verärgert. Wir sagen ihr, dass sie anders ist. Sie antwortet: „Ihr seid alle komisch." Dann geht sie in ihr Zimmer, hört Musik, singt und zieht sich zurück. Ulrich kommt mittags, merkt sofort die Veränderung. Wir reden mit unserem Hausarzt. Er kommt abends zu uns und redet mit ihr. Keine Einsicht bei Lena, dass sie anders ist. Nachts merke ich, dass Lena nicht schläft. Ihr Hund Ludo flüchtet zu Manuela, die wegen der lauten Musik ins Wohnzimmer ausgewandert ist. Ich sage zu Lena: „Lena, du schläfst doch nicht." Sie gibt es nicht zu, reagiert böse, will nicht kontrolliert werden.

Dienstag, 08.04.:

Unser Hausarzt ruft an und teilt mit, dass Lena einen Termin beim Neurologen bekommt. Aber Lena will nicht hin. Sie sagt, ihr gehe es gut und sie könne selbst entscheiden, was für sie richtig ist. Sie kenne ihren Körper. Steffi kommt und redet mit Lena. Lena schreit herum. Nachmittags Geburtstagsfeier von ihrer Großcousine. Nachts schläft Lena wieder nicht.

Eigene Bemerkung:

Auch an der Geburtstagsfeier meiner Großcousine konnte ich das Entertainen nicht sein lassen. Ich ging nach draußen und stieg den Kreuzberg hoch. Oben angekommen sang und tanzte ich und dachte wieder, ich werde aufgenommen für mein eigenes Musikvideo. Ich kletterte auf Bäume, tanzte umher und sang währenddessen die Lieder von Robbie Williams: „Feel", „Come Undone", „Let me entertain you" und „Angel" waren meine Favoriten. Ich ließ meine schwarze Jacke im Wind flattern, genoss die Aussicht auf unser Heimatstädtchen und dachte, ich wäre ein Star. Wieder die gleiche Scheinvorstellung wie in der ersten Manie, nur diesmal noch ausgeprägter. Doch das wird in den folgenden Seiten noch genauer veranschaulicht. Immer hatte ich mein Handy oder meinen iPod Touch in der Hand, weil ich dachte, ich wäre dadurch mit Robbie verbunden. Ich war überzeugt, er konnte alles sehen, was ich machte. In dieser Zeit war ich sehr kreativ und einfallsreich, egal, ob in meinen Bewegungen oder in meinen Taten.

Mittwoch, 09.04.:

Um 3 Uhr morgens höre ich Geräusche. Ich gehe in Lenas Zimmer und sehe, dass sie auf dem Bett sitzt, tanzende Bewegungen macht und „Atemlos durch die Nacht“ singt. Ich rede mit ihr. Sie reagiert böse. Sie sagt: „Ich kann schlafen, wann ich will.“ Ich solle andere kontrollieren. Später rede ich mit Ulrich. Er sieht sich nach ihr um. Lena hat das Fenster geöffnet und vor dem offenen Fenster getanzt. Ulrich fällt den Entschluss, in die Klinik zu fahren, denn Lena erkennt die Gefahren hinter ihrem Handeln nicht mehr. Anfangs schreit sie herum und will nicht, doch dann steigt sie mit ins Auto.

Um 6 Uhr kommen wir in der Klinik an. Lena unterhält sich mit Patienten und sucht für diese passende Outfits in den ausliegenden Modeprospekten heraus, denn „auch die Patienten sollen fesch sein“.

Danach folgt ein Arztgespräch: Lena reagiert aufgebracht und verlässt das Zimmer.

Eigene Bemerkung:

Warum in die Klinik? Ich verstand den Grund nicht. Ich wusste nur, dass es mir richtig gut ging, dabei war ich wieder ziemlich krank und sehr manisch. Doch diese Einsicht war nicht vorhanden. Mir gefiel mein neues Leben als Entertainerin. Obwohl eigentlich alles beim Alten war. Warum ich mit in die Klinik bin? Vielleicht hat mein Unterbewusstsein meinen Eltern so vertraut, dass ich wusste, es ist besser, wenn ich mitgehe. Aber ein großer Grund war auch die Liebe zu Robbie. Wie schon in der ersten Manie vertraute ich so sehr darauf, dass Robbie zu mir kommt, egal wo und wann.

Fortsetzung der Berichterstattung meiner Mutter:

Lena wird in der Klinik aufgenommen und wir fahren nach Hause. Nachmittags ruft Lena an. Sie fragt, wann wir sie besuchen kommen, denn sie müsse duschen und brauche neue Kleidung.

Ich komme um 18.15 Uhr in Klinik an. Lena sitzt am Boden vor der Glastür wie ein gefangener Löwe. Sie ist schmutzig. Ich frage sie: „Wo ist denn dein Zimmer?“

„Weiß nicht, muss mal schauen.“ Sie führt uns ins Zimmer. Ich will ihr zeigen, was ich mitgebracht habe. Sie reagiert aufgebracht und sagt, sie sehe das schon selbst und wir könnten jetzt gehen, sie wolle duschen. Ich sage, warte noch ein paar Minuten, dann gehen wir. Sie legt sich aufs Bett. Das Bett ist auch schmutzig. Dann beginnt sie, Koffer auszupacken. Legt Kleidung auf den Boden. Ich sage zu Lena, der Boden ist schmutzig. Sie reagiert sauer und sagt, wir sollen jetzt gehen. Verabschiedung recht kühl. Wir sagen ihr, sie solle anrufen, wenn sie uns sehen will.

Eigene Bemerkung:

Warum war ich denn so dreckig? Diese Frage stellt man sich, wenn man den Bericht meiner Mutter liest.

Zuerst muss erwähnt werden, dass ich schon mittags in die offene Station verlegt wurde. Sie unterschätzen meine starke akute Phase. Ich bin rausgegangen und habe getanzt, gesungen und richtig entertained. Ich sprang auf Sitzbänke, sang dazu „Let me entertain you“ und ließ meinen Ideen freien Lauf. Ich rekelte mich in Blumenbeeten. Die Menschen, die mich anschauten, waren mir egal. „Was machst du denn da?“, fragten zwei Jungs, die mich dabei angrinsten. „Das werdet ihr schon sehen“, antwortete ich selbstbewusst. Klar, ich war ja auch der Meinung, dass alles, was ich mache, aufgenommen und ein Musikvideo daraus entstehen wird, mithilfe von Robbie, meinem Manager und meiner großen Liebe. Erst blieb ich anständig in der Klinik und drehte da meine Runden, doch dann bin ich meinem Instinkt gefolgt und verließ das Klinikgelände. Ich spürte wieder das Gefühl von Freiheit, lief zu einem Fußballfeld und nutzte die ganze Fläche, um weiter zu entertainen. Dann sang ich meine Lieblingslieder von Robbie Williams und hoffte darauf, dass er bald mit einem Hubschrauber kommt und mir berichtet, dass der Dreh erfolgreich zu Ende ist. Ich wartete, doch Robbie kam nicht. Deshalb lief ich weiter und weiter. Ich war auf einem Spielplatz und nutzte die Schaukel, die Rutsche, das kleine Karussell und alles, was mir Ideen brachte, die für einen erfolgreichen Videoclip nützlich sind, und Ideen hatte ich sehr viele! Ich spazierte weiter und kam an einen schönen Bach, wo ich meine Schuhe auszog und ein Stückchen im Bach entlanglief. Ich spürte das kalte Wasser, die Sonne schien und es war einfach nur perfekt, scheinbar (!) perfekt. Mein Handy hatte ich dabei, da ich dachte, dass ich mit diesem genauso Kontakt zu Robbie aufnehmen kann, indem ich seine Lieder höre. Ich dachte, wie schon erwähnt, wir sind übers Internet verbunden und ich sang weiter und weiter, bis ich einen Anruf bekam. Mein Doktor aus der Klinik rief an. Der hatte sehr viel Glück, dass er mich erreichte, da mein Akku vom Handy bald leer war und ich in diesem Zustand wer weiß wo hingelaufen wäre. So war ich zumindest noch in der Nähe der Klinik. „Wo sind Sie gerade, Frau Heim? Kommen Sie bitte so schnell wie möglich wieder zurück! Schaffen Sie es in einer halben Stunde?" Ich wollte zwar nicht zurück, ließ mich aber trotzdem vom Arzt überreden und machte mich auf den Weg. Ich ging wieder zum Fußballfeld und entdeckte dort in der Nähe ein Paradies für mich zum Entertainen: alte Autoreifen, eine Umkleidekabine für Fußballer und jede Menge Schrott, was für mich aber alles brauchbar für mein Programm war. Ich nutzte den Autoreifen und performte „King of the Bongo", die Version von: klar, Robbie Williams. Danach lief ich weiter Richtung Klinik und kam letzten Endes viel zu spät.

Donnerstag, 10.04.:

Ich höre nichts von ihr. Lenas Bruder Basti ist mit seiner Frau Dine unterwegs und bietet sich an, nach Lena zu schauen.

Als sie heimkommen, erzählen sie, dass Lena isoliert in einem Zimmer sei, in dem nur ein Bett steht. Kein Klopapier, keine Seife, nichts Persönliches. Lena ist sehr in ihrer Welt und in ihren Gedanken. Wir haben erfahren, dass Lena Animation und Modenschau in der Klinik gemacht hat und auch unbekleidet im Gang rumgerannt ist.

Freitag, 11.04.:

Wir besuchen Lena, die noch isoliert ist. Die Begrüßung ist herzlich.

Sie zeigt uns, was man alles mit dem Bett machen könne, z.B. rutschen, Fahrrad fahren, telefonieren (das Telefon ist nur ein Hebel vom Bett). Sie hat sich Klopapier um den Finger gewickelt: „Das ist ein Ring, der mich mit Robbie verbindet." Sie ist sehr aufgedreht und denkt, sie sei mit Robbie Williams zusammen. Lena rutscht ständig am Boden herum. Wir müssen aufpassen, was wir sagen, denn ihre Stimmung schwankt extrem.

Sonntag, 13.04.:

Sehr schlimmer Zustand. Lena ist fixiert, das heißt, sie ist mit Gurten um Hände, Bauch und Beine am Bett gefesselt.

Ihre Stimmung wechselt ständig. Sie ist fiebrig. Sie ruft immer nach Robbie und weint verzweifelt. Sie redet wirr und ist aggressiv gegen sich. Ich habe Angst, dass sie sich ihren Finger abbeißt. Sie redet mit einer Wurst, so als sei diese Robbie. Ihr Trinkbecher ist für sie ein Elefant, mit dem sie das Wasser an die Fensterscheibe spritzt. Sie bäumt sich im Bett auf und rüttelt an ihrer Fixierung. Denkt, Robbie sei bei ihr und er küsse sie. Lena redet viel, aber ich verstehe wenig. Ich bin geschockt und weine. Sie sagt zu mir, ich solle meine Augen trocknen. Lena wirkt sehr krank, wir haben richtig Angst um sie. Es ist sehr schlimm! Wir sind verzweifelt, ich kann nicht mehr. Schrecklich!

Eigene Bemerkung:

Es kommt die Frage auf: „Warum wurde ich fixiert?“ Diese Frage kann ich beantworten: Ich ließ mich in meinem Zimmer vom Fensterbrett rückwärts auf mein Bett fallen, machte also gefährliche Stunts. Mir hätte alles Mögliche passieren können, bis hin zum Genickbruch. Im Fixierzimmer waren diese Experimente nicht mehr möglich.

Ich war so in meiner Fantasiewelt und dachte auch, ich wäre im Weltall mit Robbie, die Fixierung mein Raumanzug und der zudem radioaktiv. Außerdem wollte ich mit Robbie die Welt retten.

Montag, 14.04.:

Termin 13.00 Uhr bei dem Sozialpädagogen. Wir reden über Lenas Zukunft. Es wäre ein schwieriger Weg. Danach besuchen wir Lena im Zimmer. Sie ist immer noch fixiert. Gleicher Zustand wie gestern, reagiert komisch bei Begrüßung. Verzweiflung, Spucken, Robbie-Herbeirufen, aggressives Verhalten gegen sich. Sie ist aber auch teilweise lustig und singt mit Ulrich Omas Lieder. Dann betet sie mit uns und möchte, dass ich Wasser hole. Sie spielt damit und sagt dann, ich solle sie mit dem Wasser segnen. Ich mache ihr ein Kreuzzeichen auf die Stirn und segne sie.

Ihre Stimmung wechselt ständig.

Wenn sie redet, spürt man, wie viele Ängste und Verzweiflung in ihr sind. Sie ruft Robbie als ihr Angel (Engel) und ihr Licht in der Dunkelheit. Spricht oft wie im Delirium. Reißt sich fast die Haare aus und verausgabt sich. Schrecklicher Zustand.

Beim Abschied sagt sie: „Wir sitzen alle in einem Boot und ich komme wieder, keine Frage.“

Dienstag, 15.04.:

Heute waren Basti, Dine und Steffi bei ihr. Lena ist immer noch fixiert. Die Schwester erzählte, sie wäre heute von 09.00 Uhr bis 13.00 Uhr ohne Fixierung gewesen. Lena wäre wieder vom Fensterbrett gesprungen und hätte sich wieder ausgezogen. Ihr Zustand ist immer noch sehr schlecht. Sie redet wirr und sagt, sie sei mit Robbie verbunden. Sie matscht mit Essen und verweigert Tabletten. Steffi sagt, insgesamt sei sie etwas ruhiger. Aber immer noch sehr schlimmer Zustand. Sehr psychotisch!

Mittwoch, 16.04.:

Wir gehen zu Lena ins Zimmer, sie ist überhaupt nicht ansprechbar. Sie schreit, schaut wild, faucht wie ein Tiger und spuckt. Ihr Körper hebt und senkt sich wie wild. Ihre Ellenbogen sind blau. Sie trägt eine Windel, weil sie einnässt. Ich muss das Zimmer verlassen. Es ist zu schlimm. Ich rede mit der Schwester und frage sie, ob man ihr nicht helfen könne, dass sie ruhiger werde, gegebenenfalls mit Spritzen. Sie sagen, es ginge nicht so einfach, wir sollten es dem Arzt und der Verfahrenspflegerin sagen. Sie finden aber auch, dass es sein müsse.

Dann gehe ich wieder in Lenas Zimmer. Lena schreit, ich solle die Last von ihr nehmen und ihre Decke auf den Boden schmeißen.

Sehr schlimmer Zustand! Ich gehe dann, weil ich es nicht mehr ertragen kann.

Donnerstag, 17.04.:

Ich habe mit der Klinik telefoniert. Lenas Zustand verschlechtert sich von Stunde zu Stunde. Sie spuckt Medikamente, Nahrung und Getränke aus. Es besteht Lebensgefahr. Zwangsmedikation soll durch Eilbeschluss eingereicht werden. Ich mache mir große Sorgen. Ein Betreuungsantrag wurde gestellt. Ich übernahm dann die Betreuung für Lena.

Karfreitag, 18.04., und Karsamstag, 19.04.:

Lena bekommt Spritzen und wird langsam ruhiger.

Ostersonntag, 20.04.:

Wir besuchen Lena um ca. 18.00 Uhr. Sie sagt etwas von Verstellen. Wir sagen, dass wir uns nicht verstellen. Sie sagt, die Schwester grinse immer so wie eine Vampirjägerin. Lena sagt: „Mama hat doch bald Geburtstag."

Ich sage: „Ohne dich feiere ich nicht. Wir kommen zu dir." Lena lächelt. Sie erzählt sehr viel, sehr beeindruckend. Sie erzählt von Robbie und dass er zu ihr gefunden habe. Sie habe ihn gespürt und seine Liebe gäbe ihr Kraft und Halt. Er sei ihr Fixstern. Sie wäre am Abgrund gewesen, hätte Höllenqualen erlitten. Sie wäre in diesem Zimmer fast gestorben. Es schlichen sich in ihren Träumen böse Gesichter, die unsere Familie auseinanderbringen wollten. Sie hat auch von Oma gesprochen. Wir sagen: „Oma war auch eine starke Frau wie du und hat auch viel Schweres durchmachen müssen."

Steffi ist sehr wichtig für sie, auch in der letzten Manie war Steffi wichtig. Sie hat vom Erzengel Michael gesprochen, der ihr Robbie gezeigt habe. Und auch von Menschen, die die Welt durcheinanderbrächten („Putin“).

Sie fügt hinzu: „Die Fesseln sind schlimm, man kann nicht aufs Klo, wenn man will. Manische Menschen sind wichtig für die Welt. Rollenspiele testen aus, wer der Stärkere ist, der Schwächere wird dann fertiggemacht.“ Sie hat viel vom Glauben gesprochen, von Gott und Jesus.

Auch von Verwandlungen, Mensch in Raben. Robbie z.B. habe sich in Raben verwandelt, nicht in Falken.

Sie spricht vom Leben nach dem Tod, vom Vogelgezwitscher im Paradies und dass man es daran erkenne. Betet das Vaterunser und erklärt uns, Glaubensbekenntnis und Vaterunser sind wichtige Gebete. Lena sagt zu Steffi: „Man muss immer auf sein Herz hören.“ Auch redet sie immer wieder von ihrer Liebe zu Robbie. Seit der ersten Manie sei sie mit Robbie verbunden und habe mit ihm gesungen. Jetzt hätten sie sich wiedergefunden. Spricht von Hochzeit mit ihm.

Donnerstag, 24.04.:

Ich habe Geburtstag. Ulrich, Steffi und ich besuchen Lena. Bringen Eis mit auf Station. Wir reden mit dem Doktor. Er erklärt uns, dass Lena weiterhin auf Iso bleiben müsse und dass es länger dauern würde. Er meint, dass Lena längere Zeit nicht arbeiten oder studieren könne. Sagt auch, dass Lena keinen Stress vertrage und dass die Krankheit immer wieder ausbrechen könne. Später gehen wir zu Lena. Sie erwartet uns freudig. Gratuliert mir. Ist gut drauf und erzählt viel. Wir hatten schöne Momente mit ihr.

Freitag, 25.04.:

Lena ist sehr aufgebracht, als wir kommen, und sagt, dass sie nicht mehr länger in ihrem Zimmer bleiben wolle. Ich rede ihr gut zu, dass sie dableiben müsse und wir sie leider nicht mitnehmen könnten. Darüber regt sich Lena sehr auf und schreit herum. Schwierige Situation, Lena hat keine Krankheitseinsicht. Sie tut mir sehr leid, aber ich kann ihr nicht helfen.

Samstag, 26.04.:

Ich besuche Lena mit Steffi. Sie freut sich, uns zu sehen. Sie wolle nicht mehr hierbleiben, sondern mit Robbie zusammen sein. Lena erzählt uns, dass sie immer durch Zeichen mit Robbie verbunden sei. Erzählt uns, dass sie heute überlegt habe, die Scheibe für den Feuerwehrnotruf einzuschlagen. Robbie hätte es ihr gesagt, weil sie aussehe wie ein Feuerwehrmann (wegen ihrer roten Trainingshose).

Sonntag, 27.04.:

Steffi, Ulrich und ich besuchen Lena im Iso-Zimmer. Lena ist gut gelaunt und wir dürfen rüber zur A2. Wir gehen in den Aufenthaltsraum und dort malt sie ein Bild auf die Papierleinwand, datiert es mit 2012 (das Jahr ihrer ersten Manie). Lena singt immer wieder und macht ihre Auftritte auf Station.

Montag, 28.04.:

Lena ist im Isolierzimmer. Sie sagt uns, wir sollten die Türe zu machen, weil sie umgeben sei von bösen Engeln (Akne-Engel). Sie liegt nur mit einer blauen Decke auf dem Bett und ist in keiner guten Verfassung. Sie ist sehr ängstlich und erzählt viel von Robbie. Wir geben ihr Schokomilch, die sie immer gerne trinkt. Plötzlich will sie die Milch an die Tür zur Toilette schütten als Zeichen. Ulrich sagt: „Nein, mach das nicht!“ Sie wird ärgerlich und sagt: „Ihr versteht das nicht!“ Dann nimmt sie etwas Milch und Spucke und schmiert es an ihr Herz als Zeichen der Verbundenheit mit Robbie. Sie spuckt auch ins Bad (auch ein Zeichen). Sie erzählt uns, dass sie nicht mehr wisse, wer gut und böse ist. Die Schwestern würden sich verwandeln. Wenn sie da waren, seien sie freundlich, ansonsten böse. „Sie nehmen mir alles ab und geben mir nicht viel zu trinken.“ Sie wirkt sehr unglücklich und blass und macht uns Vorwürfe, weil wir sie gepackt und in die Klinik gebracht haben. Sie hat keinerlei Krankheitseinsicht und sie ist fern von der Realität. Ich mache mir große Sorgen, wie es weitergeht, wenn sie realisiert, dass das mit Robbie alles nicht real ist.

Wir umarmen sie zum Abschied. Lena tut mir sehr leid.

Dienstag, 29.04.:

Steffi und ich besuchen Lena. Sie ist unglücklich und verzweifelt, weil sie eingesperrt sei. Immer noch sehr im Robbie-Wahn. Sie ist verärgert, da alle so schick seien und sie nur ein Nachthemd trage.

Mittwoch, 30.04.:

Ich telefoniere mit dem Arzt. Er sagt: „Die Medikamente müssen geändert werden, weil sie leider nicht anschlagen.“ Ulrich und ich besuchen Lena noch am gleichen Tag. Lena macht Animation, singt und tanzt auf der Station A2.

Donnerstag, 01.05.:

Lena wirkt sehr verzweifelt und weint. Sie ist ohne Hoffnung und will nicht mehr in der Klinik bleiben. Sie will Robbie treffen. Später singt und tanzt sie wieder und redet auf Englisch.

Samstag, 03.05.:

Steffi und ich besuchen Lena. Sie ist jetzt längere Zeit auf der A2. Heute durfte Lena mit Pfleger Balu (so nannte sie ihn) in den Garten gehen. Es hat ihr gut gefallen.

Sonntag, 04.05.:

Lena ist wieder auf der A2. Sie ist gut gelaunt und sehr aufgedreht.

Montag, 05.05.:

Schlechter Zustand, sehr psychotisch, sie ist wieder vermehrt im Iso-Zimmer.

Dienstag, 06.05.:

Gleicher Zustand, sie macht Hochzeitsvorbereitungen für die Hochzeit mit Robbie.

Eigene Bemerkung:

Ich kann mich noch erinnern wie ich mit meiner Schwester Steffi die Einladungskarten für die Hochzeit mit Robbie gestalte. Brautjungfern waren unter anderen zwei Schwestern des Klinikums. Wir planten, als ob es wirklich eine Hochzeit gäbe, was ich ja auch dachte. Ich war dankbar, dass meine Schwester mich unterstützte. Wie oft machte ich Robbie einen Antrag im Iso-Zimmer. Auch schrieb ich Texte über Robbie, z.B.:

Liebster Mister Right,
du bist für mich ein ganz besonderer Mensch: meine real love und das beste Schutzzelt, wenn ich mich verloren fühle: Du bist mein Schatz, Robbie Williams, ich liebe dich über alles, meine endless love und ich sage nur noch eines: Komm zu mir und heirate mich.

<u>Samstag, 10.05.:</u>
<u>Eigene Bemerkung:</u>
Während ich meine Hochzeit mit Robbie Williams plante, feierte mein Bruder seine Hochzeit. Ich hatte mich schon so drauf gefreut, ich war als Brautjungfer eingeplant, mein Kleid hing auch schon bereit, doch alles kam anders. Während meine Familie zusammen die Hochzeit feierte, war ich im Iso-Zimmer und konnte leider nicht teilnehmen. Ich konnte aber zu diesem Zeitpunkt (zum Glück) gar nicht wirklich realisieren, was passierte, denn ich war so in meiner eigenen Welt, dass ich fast alles, was um mich passierte, ausblendete.

<u>Sonntag, 11.05. (Muttertag):</u>
Eine Schwester erzählt uns, Lena habe mit Kakao gematscht. Sie hätten das Bett entfernt, weil Lena es senkrecht aufgestellt habe. Als ich ins Zimmer komme, weint Lena verzweifelt. Sie hat nur ein T-Shirt und Unterhose an und ihr Gesicht ist mit Kakao verschmiert. Ihre Haare stehen struppig vom Kopf ab. Wir sind geschockt und verzweifelt. Beim anschließenden Arztgespräch fragen wir,

warum Lenas Zustand nicht besser wird. Er erklärt uns, Lenas Zustand sei nicht hoffnungslos und er meint, sie zeige leichte Fortschritte, indem sie agiert (z.B. Schwestern ärgern). Er meint auch, es wäre ein schlimmer Verlauf.

Die Ärzte wollen ihr jetzt mehr Freiheiten geben, aber Lena fühlt sich nicht so wohl auf Station. Lena bekommt jetzt ein anderes Medikament, und zwar Ergenyl. Dafür setzen sie Tavor und Seroquel ab und Zeldox und Lithium bleibt.

<u>Montag, 12.05.:</u>

Lena ist im Isolierzimmer. Sehr schlechter Zustand. Sie zittert am ganzen Körper. Ihr Bett und ihre Kleidung sind nass. Sie redet wirr und ist sehr schwach. Schwester erklärt uns, dass Lena heute für eine Stunde fixiert gewesen sei, weil sie wieder aufs Fensterbrett gestiegen ist und sich rückwärts aufs Bett habe fallen lassen. Ich helfe ihr beim Anziehen und wir gehen für eine halbe Stunde in den Garten. Dann will Lena wieder hoch. Ihr Zustand ist erschreckend schlimm. Sie tut uns leid. Wir fühlen uns hilflos. Ich frage Lena, ob ihr Onkel, der Priester ist, sie besuchen dürfe. Wir fahren heim und kommen abends nochmal mit meinem Schwager. Lena liegt im Bett und freut sich, ihn zu sehen. Sie ist sehr schwach und ihre Stimmung schwankt ständig (einmal tanzend, einmal weinend). Wir beten mit ihr.

<u>Dienstag, 13.05.:</u>

Telefonat mit der Verfahrenspflegerin: Sie sagt, sie sei entsetzt über Lenas schlechten Zustand und wir müssten handeln. Die Ärzte würden mit Medikamenten jonglieren.

Der Doktor sage zwar, Lena agiere und spiele, die Verfahrenspflegerin ist aber folgender Meinung: „Ihre Tochter ist schwer krank, doch der Ernst wird nicht erkannt und heruntergespielt. Es muss ihr endlich geholfen werden.“

Donnerstag,15.05.:

Lena macht insgesamt einen besseren Eindruck und sie redet vernünftiger. Scheint, etwas Krankheitseinsicht zu haben.

Freitag, 16.05.:

Wir besuchen Lena mit Ludo. Sie freut sich riesig.

Eigene Bemerkung:

Meine Mutter kam zu mir ins Zimmer und zusammen gingen wir in den Garten. Dort gab es eine riesige Überraschung für mich: Mein Hund Ludo war dabei, meine Familie hatte ihn mitgebracht. Ich war so glücklich, Ludo zu sehen, und er ebenso. Wir tobten im Garten herum und hatten viel Spaß miteinander. So lange waren wir nun schon voneinander getrennt und jetzt waren wir wieder vereint.

19.-23.05.:

Wir besuchen Lena jeden Tag und gehen mit ihr in den Garten. Sie läuft oft rückwärts. Sagt uns, sie mache das nicht mit Absicht, sondern werde gezogen. Isst einfach Kastanienblätter, Blumen oder kleine Mücken. Insgesamt ist sie in sehr wechselhafter Stimmung und Gespräche mit ihr sind schwierig. Am Freitag besuchen wir sie wieder mit Ludo. Sie zeigt wenig Emotionen und ihr Wesen scheint verändert.

Sonntag, 25.05.:

Wir gehen wieder mit Lena in den Garten. Dort treffen wir eine Mitpatientin. Diese ist sehr nett, doch Lena verhielt sich ihr gegenüber reserviert.

Eigene Bemerkung:

Sarah, so hieß die Mitpatientin, hatte die gleiche Krankheit wie ich. Sie war auch manisch und hatte eine „Robbie-Psychose“. Sie ärgerte mich, indem sie mir ausreden wollte, dass ich die Frau von Robbie bin. Ich war eifersüchtig auf sie und hatte gemischte Gefühle ihr gegenüber. Einerseits mochte ich sie wirklich gern und sie tat mir leid, wenn ich sie erschöpft in ihrem Bett liegen sah. Andererseits war sie eine Konkurrentin für mich. Sie erklärte mir, dass wir zusammen die Welt retten müssten und wir Angels (Engel) seien.

Montag, 26.05:

Heute ist Lena in guter Stimmung, als wir kommen. Sie sagt, es wäre ein schöner Tag für sie gewesen. Sie hätte viel Entertainment gemacht. Außerdem war die Richterin da und hat Lenas Aufenthalt um sechs Wochen verlängert. Lena ist nicht traurig darüber, weil sie ja ihren Job hier mache. Insgesamt fröhlicher Zustand.

Eigene Bemerkung:

Ich sah die Klinik als meinen Arbeitsort für Entertainment. Ich tanzte und sang für die Mitpatienten und unterhielt somit jedermann. Langeweile kam mit mir sicher nicht auf. Ich sah die Klinik als meine „Entertainmentarea“ an und dachte, ich habe noch sechs Wochen, um dort zu arbeiten, und werde dann belohnt und von Robbie Williams abgeholt. Doch die Realität sah leider ganz anders aus.

Dienstag, 27.05.:

Ich habe heute ein Schreiben von der Klinik erhalten, dass die Medikamente wieder geändert werden sollen. Lena soll jetzt Haldol bekommen. Da ich ihre Betreuerin bin, soll ich mein Einverständnis dazu geben. Weil das Medikament starke Nebenwirkungen hat, bin ich sehr unsicher, ob ich unterschreiben soll. Außerdem fühle ich mich von den Ärzten nicht richtig aufgeklärt, da keiner mit mir gesprochen hat.

Ich schreibe eine Nachricht für die Ärzte, dass ich nicht mit dem Medikament einverstanden und auch nicht ausreichend aufgeklärt worden bin.

Mittwoch, 28.05.:

Ich werde heute zum Gespräch mit dem Arzt in die Klinik gebeten. Wir treffen uns mit Lena im Gang vor dem Arztzimmer. Beim anschließenden Gespräch erklärt der Arzt, dass es Lena jetzt besser gehe, weil sie ja jetzt ein neues Medikament (Haldol) bekomme, nachdem alle anderen keine Wirkung gezeigt hätten. Er sagt, Lena habe eine schwere Krankheit und es müsse eine Behandlung erfolgen, die natürlich auch Nebenwirkungen haben könne. Er meinte, Lena hätte ja mal studiert und wir würden sicherlich wollen, dass sie wieder in einen guten Zustand kommt. Ich sage, in der ersten Manie habe Lena Zyprexa bekommen, was ihr damals schnell geholfen hat. Lena regt sich darüber auf und ruft: „Ich nehme nie wieder Zyprexa, ich bin dick geworden und wie kannst du sagen, dass ich so ein Medikament nehmen soll?“

Ich entgegnete: „Wenn du nicht willst, musst du kein Zyprexa nehmen.“

Lena sagt, wir würden sie einschränken. Ich sage, dass das nicht stimme, nur in der Manie hätten wir sie etwas ausgebremst. Der Arzt fragt dann Lena, ob sie schon mal richtig traurig gewesen wäre. Lena antwortet: „Ja, als Oma gestorben ist.“ Er erklärt ihr, genauso sei man manchmal, zu sehr über den Wolken. Da müsse man wieder heruntergeholt werden. Er spricht auch von Medikamenten und Gesprächen, die helfen, schwierige Situationen aufzuarbeiten. Ich erkläre, es gäbe eine schwierige Situation in der Kindheit. Lena sagt: „Mit Mike.“

Ich erzähle, dass Lena missbraucht wurde. Er meint, dass das auch ein Punkt wäre, der aufgearbeitet werden müsse. Wir sprechen dann nochmals über die Medikamente und ich sage, dass ich mit Haldol einverstanden sei, wenn es nur kurzzeitig angewendet wird. Der Arzt meint, es gäbe keine Alternativen zu dem Medikament und es wäre die letzte Möglichkeit, Lena zu helfen. Lena ist von dem Gespräch überfordert. Sie kann überhaupt keine Diskussionen vertragen und meint, sie müsse alle Streitigkeiten in ihrem Kopf austragen.

Eigene Bemerkung:

Als ich in den Kindergarten ging und ca. 5 Jahre alt war, erlebte ich etwas, was in dieser Akutphase erst richtig hochkam. Es gab einen Mann, einen Freund der Familie, der gerne mit mir spielte und mich dabei anfasste. Er ging dabei zu weit und berührte mich nicht nur am Bauchnabel. Ich war wie stumm geschaltet und konnte nichts dagegen machen.

Samstag, 07.06.:

Wir gehen aufs Gelände. Lena ist in sehr gereizter Stimmung. Läuft ständig rückwärts und lässt sich einfach umfallen. Sie redet Englisch und sagt, sie heiße Ayda und sie sei die Frau von Robbie. Auf die Frage, warum sie in der Klinik sei, antwortet sie: „Weil die Welt im Chaos ist und ich rette die Welt.“ Sie wolle befreit sein und wohne jetzt in der Philadelphia Street.

Sonntag, 08.06.:

Lena ist in keinem guten Zustand. Sagt wieder, sie sei Ayda und es stimme wirklich, dass sie mit Robbie verheiratet sei. Sie kommt mir vor wie eine Marionette (sehr starrer Gesichtsausdruck).

Montag, 09.06.:

Wir gehen mit Lena wieder aufs Gelände. Sie will immer noch Ayda genannt werden und spricht auch überwiegend Englisch. Es ist keine normale Unterhaltung möglich, sie ist sehr wesensverändert. Wir gehen dann zu dem Goldfischteich und Lena steigt ohne zu zögern hinein.

Mittwoch, 11.06.:

Es ist ein heißer Tag und wir verlassen das Klinikgelände und gehen mit ihr zum nahegelegenen Fluss. Dieser lädt zum Baden ein. Zumindest für Lena; ihr Vater folgt ihr dann. Erst steigt sie nur mit den Füßen ins Wasser, doch bald fängt sie das Schwimmen an. Ich habe Bedenken und rufe: „Ulrich, pass auf, schwimm ihr nach!" Ulrich überlegt nicht lange und folgt ihr. Zum Glück kehrt sie um und zusammen gehen sie wieder ans Ufer, beide pitschnass.

Beim Rückweg zur Klinik redet Lena wieder Englisch, es ist keine richtige Unterhaltung möglich. Als wir oben in der Station ankommen, schaut uns die Schwester verwundert an. Ich sage dann: „Lena braucht neue Kleidung, sie ist ein bisschen nass geworden." Die Schwester schmunzelt.

Donnerstag, 12.06.:

Wir gehen wieder mit Lena spazieren. Sie läuft voraus, ist wie ferngesteuert und spricht mit sich selbst. Als wir an der Kinder- und Jugendpsychiatrie vorbeikommen, meint Lena, sie bekomme die Eingebung, sich mit den Kindern an den Tisch zu setzen. Ich sage: „Bleib lieber da." Ulrich kommt die Idee, zur überschwemmten Wiese zu gehen, um mit den Füßen im Wasser herum zu waten. Lena geht mit den Schuhen ins Wasser, läuft rückwärts und fällt in das Matschbad. Sie ist wie ferngesteuert und wir können sie kaum ansprechen. Sie ist von oben bis unten voller Matsch. Wir gehen dann zum Goldfischteich, wo sie sich etwas waschen kann. Auf dem Rückweg zur Station ist Lena sehr abwesend. Sie erklärt uns, dass sie Robbie auf einen Elefanten vor sich sehe.

Eigene Bemerkung:

Dies schrieb ich in dieser Zeit:

Rosen im Sturm oder Wasser bringen mich zur Ruh. Sie geben mir Power und halten mich stark.

Ein Elefant am Himmel leitet den Weg und sendet alle Gefahren away.

Gott ist für uns da und wird uns beschützen, auch wenn wir nicht mehr weiterwissen und stürzen.

Sonntag, 15.06.:

Wir gehen wieder auf dem Gelände spazieren. Lena redet viel mit sich selbst und ist sehr unruhig. Sie lässt sich oft einfach umfallen, legt sich mitten auf den Weg und breitet ihre Arme aus. Sie ist sehr in sich versunken und kein Gespräch ist möglich.

Montag, 16.06.:

Beim Spaziergang läuft Lena wieder ständig rückwärts und lässt sich ins Gras fallen. Sie sagt, sie sei ein Rabensohn. Ulrich will mit ihr ein Gespräch beginnen. Lena kann nicht richtig folgen und sagt gereizt, er solle endlich aufhören zu reden.

Wir laufen schweigend weiter und gehen dann auf Station. Lena steht verwirrt am Ausgang und sagt, sie will zu Robbie. Ich tröste sie und führe sie zurück in ihr Zimmer. Dort sagt sie zu mir „Beste Mama der Welt" und dass sie wisse, dass wir immer für sie da sind.

In den nächsten Tagen macht Lena noch immer keine Fortschritte. Sie läuft immer noch ständig rückwärts und lässt sich umfallen. Sie ist wie ferngesteuert. Bei Gesprächen ist sie nach wenigen Minuten überfordert und zieht sich zurück.

Eigene Bemerkung:

Was keiner wusste und was ich niemandem zu diesem Zeitpunkt erzählt habe, ist, dass ich eine Stimmte hörte, die auf Englisch mit mir sprach. Diese Stimme behauptete, sie sei Robbie Williams („I'm Sir Williams.“) Ich machte nach Aufforderung der Stimme lauter verrückte Sachen und sprang beispielsweise auch nach dem Abendessen, als alle Patienten noch im Speisesaal waren, auf den Tisch und sang dabei „Kids“ von Robbie Williams. In diesem Lied heißt es: „Jump on Board“ und zu diesen Worten sprang ich auf den Essenstisch. Doch nicht lange, dann kam eine Schwester, die mich grimmig und genervt aufforderte, vom Tisch zu steigen.

Mittwoch, 18.06.:

Wir gehen wieder spazieren. Beim Hinsetzen auf eine Bank zittern Lenas Beine stark.

Eigene Bemerkung:

Ein Mitpatient von mir, mit dem ich auch öfters zusammensaß, sagte zu mir: „Wenn ich neben dir sitze, vibriert ja die ganze Bank.“

Fortsetzung der Bemerkung meiner Mutter:

Sie erzählt uns, dass sie in einer Entertainmentkapsel gefangen sei und nicht mehr herauskönne. Beim Rückweg zur Station kommen wir an einem Gebäude vorbei. Lena will unbedingt hinein, um Robbie zu suchen. Steffi begleitet sie und drinnen fanden sie eine Tür mit einem Namensschild auf dem abgekürzt stand: Rob. Will. Eigenartiger Zufall.

Donnerstag, 19.06.:

Beim Spazierengehen wechselt Lenas Stimmung ständig. Manchmal redet sie nur vor sich hin und ist in ihrer Welt versunken, doch dann wieder nimmt sie Anteil an unseren Gesprächen und erkundigt sich nach Freunden. Sie erzählt uns, dass sie viele Fehler in der Vergangenheit gemacht hätte, aber jetzt sei es gut, dass sie hier ist. Hier habe sie ihre große Liebe Robbie gefunden. Insgesamt spürt man, dass Lena hin- und hergerissen ist, zwischen Scheinwelt und Wirklichkeit. Gespräche erschöpfen sie und sie zieht sich immer wieder zurück. Im Garten umarmen wir uns. Ich sage, es sei ein Familienkreis. Lena sagt, sie müsse ausbrechen, und geht weg. Wir gehen dann wieder zurück auf Station, weil wir spüren, dass Lena ihre Ruhe braucht.

Sonntag, 22.06.:

Lena hat zum ersten Mal nach langer Zeit ihr Handy. Steffi fragt sie, ob sie ihre Freundin Isi anrufen wolle. Sie ruft an und telefoniert kurz mit ihr. Sie zittert am ganzen Körper, das Gespräch überfordert sie. Sie steht auf, läuft wieder rückwärts im Kreis herum und ist nicht ansprechbar. Wir spüren, dass sie wieder ihre Ruhe braucht.

Die nächsten Tage ändert sich Lenas Zustand immer noch nicht.

Dienstag, 24.06.:

Die Verfahrenspflegerin hat angerufen. Sie meint, ich solle darüber nachdenken, ob ich den Klinikaufenthalt verlängern oder ob ich Lena nach Hause zurückholen möchte. Sie befürchtet, Lenas Zustand könnte so bleiben.

Mittwoch, 25.06.:

Wir haben heute wieder ein Gespräch mit den Ärzten. Die Medikamente wurden geändert, statt Haldol gibt es Abilify.

Lenas Zustand fängt nun an sich zu verbessern und am 15.07. kann sie endlich vom Isozimmer in ein Einzelzimmer auf die A2 wechseln.

Bemerkung aus meinem Tagebucheintrag:

Hey liebes Tagebuch,
heute ist ein besonderer Tag, ich bin zwar noch in der Klinik, aber dafür habe ich ein schönes Einzelzimmer, mit allem, was das Herz begehrt. Außerdem sind Robbie Williams und ich zusammen. Ich kann es zwar kaum fassen, aber ich bin dabei es zu begreifen. Ich liebe diesen Mann über alles!

Donnerstag, 21.07.:

Wir haben heute wieder ein Gespräch mit dem Arzt. Er hat eine gute Nachricht für uns. Lena darf über das Wochenende heim und, wenn alles gut läuft, nächste Woche auf die A6. Er meint, die Akutphase klinge langsam ab. Wir dürften sie aber noch nicht überfordern, weil sie eine schwere Krankheit hinter sich habe. Es werde noch lange dauern, bis sie an ein Studium oder an eine Ausbildung denken kann.

Eigene Bemerkung:

Meine Familie holte mich am Samstag, den 02.08.14 ab und ich freute mich so sehr, endlich mal wieder nach Hause zu kommen. Ich ging endlich mal wieder mit meinem Ludo spazieren und am Abend grillten wir bei meiner Schwester Steffi. Es war ein sehr schöner Abend, wir tanzten zusammen und hatten wirklich viel Spaß. Ich fühlte mich frei und voller Leichtigkeit. Am Sonntag früh bin ich mit Steffi und ihrer Tochter Line Fahrrad gefahren. Nachmittags machten wir einen schönen Spaziergang mit den Hunden und im Anschluss daran kauften wir uns ein leckeres Eis von der Eisdiele. Ich hatte ein sehr schönes Wochenende und konnte richtig Kraft tanken. Endlich wieder mehr Zeit mit der Familie verbringen, meinen Hund Ludo habe ich auch sehr vermisst und er mich ebenso.

Bevor ich aber endgültig entlassen wurde, musste ich erst immer wieder an Wochenenden „zur Probe“ nach Hause gehen, um herauszufinden, ob ich schon bereit dafür war oder ob die Reize und die verschiedenen Eindrücke mich überfordern würden. Zum Glück tat mir die Zeit daheim sehr gut und ich genoss es jedes Mal, die Familie um mich zu haben. Das merkten auch die Ärzte, weshalb ich nach einem halben Jahr Klinikaufenthalt endlich wieder nach Hause durfte.

Die Berichterstattung über diese schwere Zeit fing vom Beginn der Manie an, bis hin zu den letzten Tagen in der Psychiatrie. Ich kann mich leider, oder vielleicht ist es auch besser, an vieles nicht mehr so genau erinnern. Was ich sehr an meiner Familie schätze, ist, dass sie mich fast jeden Tag in der 50 km entfernten Klinik besuchten. Sie haben mir dadurch ermöglicht, das Zimmer zu verlassen und in den Garten zu gehen.

Das nächste Tief nach einem halben Jahr Klinikaufenthalt

Nach dem sehr langen Klinikaufenthalt fiel ich erstmal wieder in ein Tief. Ich war reduziert, hab viel geschlafen und hatte allgemein sehr wenig Antrieb. Außerdem versteckte ich mich vor bekannten Menschen, weil ich unangenehmen Fragen wie „Was machst du zurzeit?" aus dem Weg gehen wollte. Ich schämte mich für etwas, wofür ich nichts konnte. Eine Nebenwirkung der Medikamente war ein sehr starkes Zittern an den Händen und teilweise sogar am ganzen Körper. Ich erinnere mich noch an den Weihnachtsmarktbesuch 2014. Es war für mich eine Katastrophe. Dadurch dass ich mich so unwohl fühlte, war ich permanent auf Spannung und wollte verhindern, dass mich jemand sieht. Meinen Glühwein konnte ich nicht genießen, denn es fiel mir so schwer, die Tasse zu halten, da meine Hände (und nicht nur meine Hände) sehr stark zitterten. Auch beim Einkaufen mit meiner Mutter versteckte ich mich hinter Regalen, wenn ich jemanden sah, den ich kannte. Egal wo ich war, ich konnte nie richtig abschalten, sondern war stets angespannt und sehr unsicher. Das Problem war auch, dass, wenn ich mit jemandem kommunizieren wollte oder musste, ich oft sehr aufgeregt war, sodass ich nur wenig reden konnte und sogar der Körper zitterte.

Mein größtes Problem aber war die Stimme im Kopf, die ständig mit mir auf Englisch redete bzw. alles, was ich gemacht habe, kommentierte. Ich redete allerdings mit niemandem darüber, da ich mich schämte ... nicht mal meiner Familie habe ich es anvertraut.

Doch wer half mir durch diese schwere Zeit? Meine Familie und auch mein kleines Baby, mein Hund Ludo. Er war mein eigener Therapiehund. Er spürte, wenn es mir nicht gut ging, und legte sich zu mir. Auch das Laufen an der frischen Luft tat mir sehr gut. Mein Ludo war immer mein Begleiter und hat mir wirklich viel geholfen und das ist auch heute noch so.

Außerdem habe ich sehr viel Hilfe von meinem Hausarzt bekommen, der sich dafür einsetzte, dass ich einen Platz bei einem sehr guten Psychiater bekam, obwohl dieser normalerweise keine Patienten mehr aufnehmen konnte. Doch dank meines Hausarztes hatte ich regelmäßig Termine bei ihm. Er hat die Medikamente so für mich eingestellt, dass es zu meiner psychischen Genesung beigetragen hat. Auch für Gespräche war er da und nahm sich immer die Zeit, um mir ausführliche Tipps, Ratschläge oder mir einfach ein offenes Ohr zu schenken. Auch heute ist es noch so, dass ich bei Problemen immer auf meinen Psychiater zugehen darf - er ist jederzeit erreichbar und bietet seine Hilfe an, wo es nur geht.

Die Zeit in einer Übergangseinrichtung

Im Juli ging ich in eine Übergangseinrichtung für Menschen mit Psychose. Ich arbeitete in einer Holzwerkstatt und ich fertigte eine Holzschale an. Dabei lernte ich einen netten Jungen namens Tom kennen, mit dem ich viel Zeit in meiner Freizeit verbrachte. An einem Wochenende ging er sogar mit mir nach Hause und wir verstanden uns sehr gut. Mit ihm ist mir auch etwas Unglückliches passiert. Wir kletterten zusammen auf ein Klettergerüst und anstatt am Ende normal herabzusteigen, sprangen wir beide herab. Wir schätzten die Höhe von zwei Metern vollkommen falsch ein. Toms Lippe platzte auf und blutete, doch ich hatte das größere Übel, denn mein Fuß schmerzte so sehr, dass mir die Tränen kamen. Wir waren beide mit der Situation überfordert und wussten nicht, wie man handeln sollte. Wir ahnten nicht, welche Konsequenzen unser „Stunt“ haben könnte. Normalerweise hätten wir sofort den Krankenwagen rufen müssen, stattdessen riefen wir ein Taxi. Doch um das zu bezahlen, braucht man Geld, und Bargeld hatten wir nicht dabei. Zum Glück entdeckte ich aber meine Sparkassenkarte. Mit Tränen in den Augen, humpelnd und bei Tom eingehakt, lief ich zur nahegelegenen Sparkasse und holte Geld. Das schlimmste war geschafft, dachte ich. Doch ich vergaß, dass ich nach der Taxifahrt noch die drei Stockwerke hoch zu meinem Zimmer überstehen musste. Solche Schmerzen hatte ich noch nie erlebt.

Am folgenden Tag wurde ich von meinem Betreuer ins Krankenhaus in Erlangen gefahren. Dort blieb ich eine Woche. In der Zeit wurde ich auch operiert. Tom besuchte mich fast jeden Tag.

Als ich wieder in die Einrichtung zurückkehren konnte, war ich die meiste Zeit allein, weil ich ans Bett gebunden war. Auch in der Holzwerkstatt konnte ich meine Arbeit nicht fortsetzen. Durch das ständige Alleinsein wurde die Stimme im Kopf unerträglich. Deshalb redete ich das erste Mal über mein psychotisches Symptom. Ich konnte dies nicht mehr länger vertuschen und verdrängen. Zu all dem Übel kam noch eine Depression dazu. Deshalb entschloss ich mich, freiwillig in die Klinik zu gehen.

Verliebt in einen Pfleger

Dort wechselte meine Stimmung von Hochs zu Tiefs. Ein Grund hierfür war auch eine Schwärmerei für einen Pfleger.

Er machte mir Hoffnungen. Er saß mit mir bis um viertel vor 4 Uhr morgens zusammen und wir redeten. Er fühlte sich geschmeichelt, dass ein hübsches junges Mädchen Gefühle für ihn hatte.

Außerdem bot mir der Pfleger noch spät nachts einen Kaffee an, was auch nicht sehr schlaffördernd und vorbildlich war.

Wir hielten Händchen und bevor ich dann doch mal schlafen gegangen bin, drückte er mich. Diesen Moment werde ich nie vergessen. Ich empfand wirklich viel für diesen Mann, weshalb ich jede Sekunde der Umarmung genoss. In den Tagen danach ging der Pfleger auf Distanz. Es folgten mehrere Gespräche mit meiner Psychotherapeutin, die mir erklärte, dass, wenn er sich nicht so verhält, entweder er oder ich auf eine andere Station müssten, und das wollte ich auf keinen Fall.

Es folgten harte Tage: Er ignorierte mich und ich versuchte, mir so wenig wie möglich anmerken zu lassen, wie traurig ich eigentlich war. Bald war es so weit und ich wurde entlassen. Ich hatte gemischte Gefühle, da ich einerseits so froh war, dass ich wieder bei meiner Familie sein konnte und wieder etwas geschafft und vorbei war. Andererseits wusste ich, dass ich den Pfleger wohl lange Zeit nicht mehr sehen würde.

Die Zeit daheim

Ich war wieder daheim und wusste nicht, wie es weitergehen sollte. Mir war klar, dass ich nicht mehr in diese Übergangseinrichtung zurückkehren mochte. Mich hat es einfach zu sehr enttäuscht, wie wenig sich die Betreuer um mich gekümmert haben und mich mit meinem gebrochenen Mittelfuß von Tag zu Tag in meinem Zimmer haben vereinsamen haben lassen. Deshalb beschloss ich, um meine Zeit zu überbrücken, mir eine Beschäftigung in meiner Heimat zu suchen, wenigstens so lange, bis ich mir über meine berufliche Zukunft im Klaren sein würde. Ich hatte Angst davor, wieder in ein Loch zu fallen. Doch dann kam alles von ganz allein: Ich war bei meiner Friseurin, um mir die Haare schneiden bzw. auch an den Seiten und am Hinterkopf abrasieren zu lassen (meine Mutter war nicht sehr begeistert). Wir kamen wieder ins Gespräch und wir sind darauf gekommen, dass ich ja bei ihr anfangen könnte, ein Praktikum zu machen oder ihr einfach etwas unter die Arme zu greifen. Carina, so heißt meine Friseurin, ist auch eine Freundin von mir und ich mag sie wirklich sehr. Deswegen war ich sofort begeistert von der Idee und die Woche darauf habe ich schon damit angefangen, ihr zu helfen, und unterstützte sie, so gut es ging. Die Arbeit machte mir Spaß und ich hatte eine gute Beschäftigung: Haare waschen, Aufspülen, Salonpflege und Kundenbetreuung waren meine Hauptaufgaben. Doch ich wusste, dass dies nur für eine gewisse Zeit lang sein würde, denn ich brauchte eine abgeschlossene Berufsausbildung, um später auf eigenen Beinen stehen zu können. Deswegen bin ich mit meiner Mutter ins Arbeitsamt und wir erkundigten uns nach den Möglichkeiten, die es für mich gab. Am besten eine Ausbildung, die auch mit meiner Krankheit möglich ist und in einer Einrichtung, die darauf Rücksicht nimmt. Wir wussten nicht genau, was in meinem Fall am sinnvollsten wäre. Deshalb ließen wir uns von einem Mann beraten, der kompetent erschien und gute Auskunft gab. Nach kurzer Zeit brachte er mir einen wirklich klasse Vorschlag: das Berufsbildungswerk in Würzburg. Dieses Berufsbildungswerk gibt es auch in anderen Städten, doch dadurch, dass ich schon zwei Mal in Würzburg studiert und gewohnt hatte, war mir klar, wofür ich mich entscheiden würde.

Was ist ein Berufsbildungswerk?

Ein Berufsbildungswerk ist eine Einrichtung, die verschiedene Ausbildungen für Menschen mit psychischer oder physischer Krankheit anbietet.

Mir wurde für vier Wochen lang angeboten, in zwei verschiedene Berufe reinzuschnuppern. Meine Auswahl fiel auf die Ausbildung als Kauffrau für Büromanagement und natürlich auch für die Ausbildung als Friseurin. Also bin ich nach Würzburg und erprobte diese zwei Berufsfelder. Zwei Wochen im Büro und zwei Wochen als Friseuse. Beide Ausbildungen haben mir sehr gut gefallen. In beiden Bereichen gab es Vor- und Nachteile.

Bei der Ausbildung als Friseurin gefiel mir der Kundenkontakt sehr gut. Auch die Praxis generell, wie beispielsweise Haare waschen, färben, Dauerwelle, Mozartzöpfe flechten u.v.m., bereitete mir große Freude. Doch das Problem waren (zumindest für mich) meine Hände, die aufgrund der Medikamente sehr zitterten. Bei Aufgeregtheit war und ist das noch ausgeprägter. Dies machte mir große Sorgen, da ich mir nicht zutraute, so einmal Haare von einem Kunden schneiden zu können.

Im Büro gefiel mir die Arbeit am PC sehr gut. Ich merkte aber, dass es mir schwer fiel, die ganze Zeit nur zu sitzen, und teilweise hatte ich auch Probleme mit Excel und Word, da ich in diesen Programmen zu wenig Vorkenntnisse besaß.

Die vier Wochen vergingen wie im Flug und die Zeit in Würzburg habe ich wirklich sehr genossen. Nicht nur die zwei verschiedenen Arbeiten haben mir viel Spaß gemacht, auch meine Freizeit war sehr vielseitig und ich habe sehr schnell Kontakte geknüpft. Nach Feierabend bin ich meistens an den Main, meine Freunde und ich haben zusammen gechillt und die Zeit genossen. Auch in verschiedene Kurse bin ich gegangen, die angeboten wurden. Koch- und Musikgruppe und Selbstverteidigung.

Nach den vier Wochen musste ich eine Entscheidung treffen. Sowohl im Büro als auch als Friseurin hätten mich die Ausbilder gerne im Team gehabt. Ich war hin- und hergerissen, doch letzten Endes entschied ich mich für die Ausbildung als Kauffrau für Büromanagement.

Nach dem Gespräch, in dem alles entschieden wurde, hieß es wieder Abschied nehmen, doch nur für eine kurze Zeit. Die Ausbildung sollte ja schon im September beginnen.

Bis September verbrachte ich also die Zeit zu Hause, ich genoss die Schützenfestzeit und habe viele gute Freunde von mir getroffen. Gesundheitlich war ich stabil.

Umzug nach Würzburg und Ausbildung zur Bürokauffrau

Im September ging es dann schließlich in Würzburg los. Ich zog um, war sehr motiviert, die Ausbildung zu schaffen, und gab mein Bestes. Auch privat lief alles ganz gut, denn ich lernte einen netten jungen Mann kennen, schon bevor ich nach Würzburg gezogen war. Er wohnte auch in meiner Heimat und wir verstanden uns vom ersten Tag an sehr gut. Als ich in Würzburg war, telefonierten wir, wenn es möglich war, um in Kontakt zu bleiben. Ich genoss die Zeit sehr mit ihm, doch es dauerte nicht lange und ich merkte, dass wir doch nicht richtig zusammenpassten, und ich beendete die Beziehung. Ich konnte ihm den Traum von einer Familie nicht erfüllen, zumindest noch nicht.

In der Arbeit wurde es auch immer stressiger. Als dann auch noch die Berufsschule dazukam, überforderte ich mich und lernte zu viel. Ich wollte alles geben, um die Ausbildung zu schaffen, doch das ging leider nach hinten los. Es dauerte nicht lange und mein Kopf nahm fast keine Informationen mehr auf. Ich war schlapp und völlig erschöpft. Ein Grund hierfür war auch die Stimme, die mich immer noch begleitete und es schwierig machte, mich zu konzentrieren.

Es folgten einige Wochen, in denen ich krankgeschrieben wurde. Zwischendrin probierte ich wieder mal, eine Woche zu arbeiten, doch ich saß in der Arbeit vor dem Bildschirm und konnte fast nichts mehr aufnehmen, es war wie verhext. Ich musste wieder nach Hause und wurde krankgeschrieben. Später bekam meine Mutter einen Anruf von der Bildungsbegleiterin. Sie erklärte meiner Mama, dass die Ausbildung abgebrochen wird, denn sie wollten, dass ich erst stabiler werde.

Ausbildung wurde abgebrochen, was nun?

Sie sehen mich momentan in einem Zustand, in dem es nicht möglich sei, zu arbeiten. Doch sie schätzten auch meine Arbeit sehr und lobten mich für meine gute Leistung, die ich bis zu diesem Zeitpunkt erbracht hatte. Außerdem teilte die Bildungsbegleiterin meiner Mutter mit, dass ich erst wieder im nächsten Jahr weitermachen kann. Sie machten den Vorschlag, mit einer Arbeitserprobung anzufangen, d.h. in mehrere Berufe reinzuschnuppern. Diesmal für eine längere Zeit, damit ich wirklich die richtige Entscheidung treffen kann.

Nun war ich also wieder daheim und wollte versuchen, so gut wie möglich Beschäftigung zu finden, um gesund zu bleiben, mich aber auch nicht zu überfordern. Ich half wieder meiner Friseurin im Salon und würde meiner Mutter im Haushalt unterstützen. Welcher Beruf jetzt der Richtige für mich war, wusste ich leider noch nicht, das würde ich hoffentlich noch herausfinden. Vielleicht doch Friseur? Oder ganz und gar etwas komplett anderes? Warum nicht Maler? Fragen über Fragen stellten sich, was kann funktionieren, was überfordert mich nicht, was macht mir Spaß, um den Beruf jahrelang auszuüben, welcher Beruf ist mit meiner Krankheit überhaupt machbar?

Ich hoffte sehr, dass ich die richtige Entscheidung treffen würde.

Auch mein psychischer Zustand war stabiler und die Stimme hörte ich immer weniger.

Endlich war es soweit und ich konnte mit der Arbeitserprobung beginnen. Mein psychotisches Symptom, die Stimme, war mittlerweile ganz verschwunden.

Ich probierte viele verschiedene Berufe im Berufsbildungswerk aus: Als Erstes verbrachte ich zwei Wochen in der Malerwerkstatt. Ein Beruf, der mir zwar Spaß machte, allerdings ging mir die Arbeit nicht immer leicht von der Hand, da mir stets meine zitternden Hände im Wege standen. Außerdem sagte mir der Ausbilder, dass ich geeignet sei, jedoch der Beruf auch körperlich sehr anstrengend sei und dies mir Schwierigkeiten machen könne. Also probierte ich mein Glück im nächsten Bereich: Zerspanungsmechanik. Als mir dieser Beruf vorgeschlagen wurde, konnte ich mir wirklich nicht vorstellen, dass dieser für mich geeignet wäre. Jedoch machte ich eine unerwartete Erfahrung, die mich wirklich sehr überraschte: Die Arbeit an Maschinen und die Herstellung von Metallteilen machten mir richtig Spaß und obwohl das Arbeiten mit zitternden Händen auch nicht immer einfach war, kam ich zu guten Ergebnissen und verbrachte mehrere Wochen in der Werkstatt und erlebte dies als eine sehr positive Zeit. Meine selbstkritische Art machte mir zwar Probleme, da ich mich oftmals zu sehr unter Druck setzte, doch der Ausbilder von Zerspanung erkannte, dass meine Arbeit gut war, und war mit mir zufrieden.

Ich schnupperte außerdem auch in den Hotelbereich rein, doch hier war mir schon nach einem Tag klar, dass ich mir das nicht vorstellen kann. Ein Beruf im Hotel als Hotelfachfrau verlangt sehr viel und vor allem ist mir bewusst geworden, dass ich diesen Beruf nicht ausüben könnte, da Schichtarbeit mit einer manisch-depressiven Erkrankung sehr gefährlich werden kann. Für mich ist es besonders wichtig, dass ich gesund bleibe und um dies zu erreichen, brauche ich einen regelmäßigen Schlaf und auch einen

Beruf, der nicht zu viel Stress macht. Doch der Stressfaktor im Hotel ist sehr hoch.

Auch verbrachte ich einige Wochen in der Schreinerei. Wie man sieht, verlief mein Weg kunterbunt durch verschiedenste Bereiche und ich probierte Berufe aus, die ich mir eigentlich bei mir gar nicht vorstellen konnte. Hierbei erkannte ich Talente bzw. Eignungen von mir, denen ich mir gar nicht bewusst war. Ich fertigte zum Beispiel einen Getränkehalter aus Holz, der mit Begeisterung von meiner Mutter in Gebrauch genommen wurde. Auch meine selbst angefertigten Topfuntersetzer werden täglich daheim benutzt. Das ist das Schöne an der Arbeit mit Holz. Man sieht ein Endprodukt und kann stolz auf dieses sein. Man erschafft neue Produkte durch Handarbeit. Dies verlangt Ausdauer und auch eine gewisse körperliche Belastbarkeit. Was ich aber erwähnen muss, ist, dass mir die Arbeit leider durch eine sehr chaotische Arbeitsgruppe vermiest wurde. Meine Arbeitskollegen nahmen einfach die Arbeit nicht ernst, sie hatten keine Ausdauer, keine Konzentration und alberten in der Werkstatt herum wie Kleinkinder, und das war auf Dauer wirklich anstrengend. Sie spielten in Abwesenheit des Ausbilders mit ihren Werkzeugen herum, stemmten Stemmeisen in den Fußboden, machten in Wasserflaschen Löcher (auch in meine und dies an einem Tag, der wirklich heiß war!), sie schmissen die mit Wasser befüllten Gummihandschuhe durch die Gegend und beschmierten sich gegenseitig mit Leim. Das war für mich weder lustig noch cool, aber leider war ich anscheinend die einzige, die dieser Meinung war. Doch auch abgesehen von dem Team entschied ich mich gegen diesen Bereich.

Als Letztes schaute ich mir die Arbeit als Bäckereifachverkäuferin, genauer gesagt als Fachverkäuferin im Lebensmittelhandwerk, an. Ich muss dazu sagen, dass ich vom Bereich Zerspanung wirklich sehr begeistert war und deshalb im Hinterkopf hatte, diese Ausbildung zu beginnen. Doch dann bemerkte ich, dass mir die Arbeit im Verkauf sehr viel Spaß machte. Ich bin wirklich froh darüber, dass ich auch in diesen Bereich schnupperte, denn die Arbeit ist vielseitig, man ist unter Leuten, man arbeitet im Team und Teamarbeit liegt mir sehr, sonst hätte mir 2012 die Arbeit als Entertainerin auch nicht so viel Freude bereitet.

Ich verbrachte also einige Wochen im Backverkauf und dann wurde mir klar, dass dies der richtige Weg für mich sein würde.

Ich denke noch nach wie vor an die Zeit in der Werkstatt von Zerspanung zurück, aber die Arbeit hätte wohl doch zu viel von mir verlangt und es hätte die Gefahr bestehen können, dass ich mich wieder zu sehr unter Druck setze und auch diese Ausbildung scheitert.

Beginn der Ausbildung als Fachverkäuferin im Lebensmittelhandwerk

Wie man schon ahnen kann, habe ich mich für die Ausbildung als Fachverkäuferin im Lebensmittelhandwerk entschieden und bin wirklich überaus glücklich, dass ich endlich etwas gefunden habe, was mir Spaß macht, und jeden Tag lerne ich mehr dazu und erfahre positive Erlebnisse.

Beim ersten Mal Bedienen an der Kasse war ich noch sehr unsicher. Ich ergriff oft die Flucht in die Küche und spülte lieber, da ich mir unsicher war und Angst davor hatte, Fehler zu machen. Doch einmal nahm ich all meinen Mut zusammen und blieb an der Kasse. Ich merkte, dass es von Tag zu Tag besser wird: Man wird selbstsicherer, man wird schneller und vor allem merkt man, je öfter man bedient und wie sicherer man wird, desto mehr Spaß macht die Arbeit. Auch meine Nervosität hatte ich besser im Griff. Klar, meine Hände zitterten immer noch und vor allem bei Respektspersonen wünsche ich mir, dass ich etwas gelassener werden kann. Doch im Großen und Ganzen habe ich innerhalb kürzester Zeit wirklich sehr viele Fortschritte gemacht.

Auch wenn es vielleicht für manche unspektakulär klingt: Eines Tages war ich richtig stolz auf mich, da ich es geschafft habe, die Kuchenstücke richtig einzupacken, so, dass es schön ordentlich aussieht, ohne Falten und gut verpackt. Ich bekam sowohl Lob vom Kunden als auch von meiner Chefin und das gab mir ein richtig gutes Gefühl. Wenn ich jeden Tag das Positive aus meinen Erlebnissen ziehe, aus dem Negativen lerne und nicht verzweifle, dann weiß ich, dass ich die Ausbildung schaffen kann. Ich werde mich mit Sicherheit so gut es geht bemühen, ein gutes Ergebnis, auch im schulischen Bereich, zu erreichen …

Doch nun mal weg von der Arbeit. Auch privat läuft es bei mir wirklich gut. Ich bin glücklich, dass ich in ein Internat gezogen bin, das im gleichen Ort ist, wo sich auch meine Arbeitsstelle befindet. In dem Internat fühle ich mich richtig wohl, denn es befindet sich in einer ländlichen Gegend und ich habe einen Balkon, von dem ich auf die Pferde schauen kann. Ich habe hier außerdem viele neue, nette Leute kennengelernt, die mich offen aufgenommen haben und mit denen ich mich wirklich sehr gut verstehe. Auch meine Betreuer sind wirklich sehr lieb und freundlich und haben immer ein offenes Ohr.

Meine Familie sehe ich jedes Wochenende und es ist so schön zu wissen, dass man immer einen familiären Rückhalt hat. Daheim angekommen, höre ich als erstes meinen Hund Ludo, der vor Freude bellend auf mich zukommt und an mir hochspringt.

Ich bin einfach glücklich, dass momentan so vieles gut läuft. Ich habe mich außerdem um einen Therapieplatz bemüht und wurde auch fündig. Auch wenn die Therapie manchmal eine Reise durch meine Vergangenheit ist und viele Dinge aufgewühlt werden, bin ich froh, dass ich eine nette Therapeutin habe, mit der man über alles reden und sich einfach die Seele aus dem Herz schütten kann.

Das klingt jetzt alles sehr positiv, ist es auch. Doch wie in jedem Leben gibt es auch ein paar Gedanken, die mich zum Nachdenken bringen und mich traurig machen.

Ich würde gerne einmal sagen können: „Ich bin gesund!“ Doch leider kann ich nur behaupten: „Ich bin stabil!“, denn ich lebe ein Leben mit vielen Medikamenten und ich weiß nie, ob mein Zustand jetzt daran liegt, weil es mir gut geht, oder weil die Medikamente dafür sorgen, dass der Weg in die richtige Richtung geleitet wird.

Außerdem kann es sein, dass ich ein Leben lang diese Medikamente nehmen muss und da kommt in mir die Frage hoch: Wie reagiert mein Körper auf langfristige Zeit darauf? Man muss dazu sagen, dass ich jetzt die Medikamente schon seit 2012 nehme und zwischendrin sogar noch stärkere, von denen ich zum Glück schon wieder „befreit“ bin. Ob das gut ist für meine Organe, bezweifle ich, doch wie es aussieht, wird es wohl zumindest sehr lange dauern, bis ich so weit bin, dass ich in Absprache mit meinem Psychiater die Medikamente langsam absetzen darf.

Was mich noch beschäftigt, ist, dass ich in meinem Leben gerne mal Kinder bekommen würde und ebenso eine Familie gründen möchte.

Einen Partner hierfür gibt es aber noch nicht. Doch alles kommt zu seiner Zeit und Glück kann man nicht erzwingen.

In einer Schwangerschaft müssten die Medikamente abgesetzt werden und dann bestünde die Gefahr, dass die Manie oder eben eine Depression wieder zum Vorschein kommt und alles wieder auf den Kopf stellt.

Als ich 2014 in der Klinik war und meine „Robbie-Psychose“ hatte, lernte ich eine Patientin kennen, die schwanger war und ebenfalls manisch und psychotisch war. Sie war sogar genauso verrückt nach Robbie Williams wie ich und dies bringt mich in letzter Zeit sehr oft zum Nachdenken. Wie schlimm muss es wohl sein, vor allem auch für den Partner, wenn von einem Tag auf den anderen die Partnerin nur noch Interesse für einen Star hat, der einen nicht mal kennt? Doch das vernünftige Denken gibt es in so einer starken Krankheit nicht, denn das Gehirn spielt einen Streich mit einem. Ich werde alles dafür tun und auf mich achten, dass ich weiterhin gesund bleibe. Die Familienplanung hat ja noch Zeit, solange mir noch nicht der richtige Mann über den Weg gelaufen ist.

Ich bin auch dafür dankbar, dass ich endlich wieder auf dem besten Weg bin, die „alte" Lena zu werden, die Lebensfreude ausstrahlt, aktiv und kommunikativ ist und zudem Energie hat, um die Ausbildung im Backverkauf zu bestehen.

Auch im schulischen Bereich konnte ich schon Verbesserungen feststellen. Meine Konzentration hält nun wieder längere Zeit an, meine Aufnahmefähigkeit steigt und das Lernen fällt mir nicht mehr so schwer wie noch vor einem Jahr.

Ich habe das Gefühl, ich kann was erreichen. Auch wenn im Hinterkopf manchmal noch die Angst vor einem erneuten Scheitern hervortritt, weiß ich, dass ich die beste Unterstützung habe, die ich mir wünschen kann: So viele Menschen an einem Ort, die mir Rückhalt geben, mich loben, mich aufbauen, wenn es doch mal nicht so läuft wie gewünscht, und die einfach immer für mich da sind.

Auch meine Musiktherapeutin ist immer für mich da und hat mit mir mein eigenes Lied, „den Motivationssong", vertont.

Motivationssong

Lasst uns alle Sorgen für einen Moment vergessen.
Lasst uns diese Stunden einfach neu erleben.
Und nehmen dann mit, was es Schönes gibt, und freuen uns und die Freude bleibt bei uns.

Refrain: Ich weiß, es ist nicht immer leicht und manchmal dreht man sich im Kreis, doch für jedes Problem von uns all'n, gibt es einen Rettungsplan.

Lasst euch einmal tragen von den ganzen schönen Farben,
lasst euch mal verzaubern und alles neu bestaunen und schaut doch mal hin, was es Schönes gibt und freut euch dann und teilt's mit jedermann.

Rap: Ich weiß, es ist nicht immer leicht,
doch manchmal dreht man sich im Kreis,
ich weiß nicht mehr ein und aus, ich will einfach nur raus.
Das Leben genießen und nicht die Sorgen mit Alkohol begießen, ich will frei sein, so frei wie der Wind, als wäre ich noch ein Kind.

Lasst uns Pläne schmieden und uns selbst nicht verbiegen,
lasst uns doch mal Kinder sein und springen, tanzen und mal schrei'n,
lasst uns jetzt die Freude teil'n und einfach glücklich sein.

Auch meine Familie ist eine große Hilfe für mich, denn ich weiß, dass sie immer hinter mir steht. Folglich habe ich sehr schöne Tage unter der Woche beim Arbeiten, denn auch die Kunden, die ich bediene, geben einem oftmals eine positive Rückmeldung und loben meine Arbeit. Am Wochenende zuhause füllte ich meine Reserven wieder auf und tanke Energie durch viel Schlaf und familiären Rückhalt. Ich weiß, dass ich es schaffen kann, nicht nur weiterhin stabil zu bleiben, sondern auch wieder gesund zu werden. Ich habe nun Energie und Kraft. Beides musste erst wieder aus einem Loch geschaufelt werden, aber nun ist beides wieder präsent und abrufbar. Doch keine Angst, auch eine Anbahnung einer manischen Phase kann ich momentan ausschließen, denn ich achte auf mich und lebe so, wie es für meine Psyche am besten ist. Ich habe mich von Dingen, die mich runterziehen, getrennt und lebe nun so, wie es für mich gut ist. Freunde, von denen ich dachte, sie seien Freunde, sind für mich keine mehr, denn sie haben mich zu sehr enttäuscht und auch teilweise unter Druck gesetzt. Das hat mich schon mehrmals in meinem Leben verletzt und nach unten gezogen. Deshalb bin ich nun schlauer und weiß, wer meine wahren Freunde sind, auf die ich mich immer verlassen kann und denen ich wichtig bin, auch wenn man mal keine Zeit hat, sich rund um die Uhr zu melden. Ich hoffe, ich kann meinen Weg, so wie ich ihn jetzt gehe, weitergehen und werde weiterhin auf mich achten und mein Leben genießen, denn ich weiß, wie hart die Schattenseiten im Leben sein können.

Ups and Downs in der Ausbildung

Wie hart die Schattenseiten sein können, musste ich auch in der Ausbildung erfahren.

Es stand meine Zwischenprüfung an und ich war wochenlang in einer sehr schwierigen Phase, denn mir fehlten Antrieb, Energie und Freude am Leben, kurz gesagt: Ich war depressiv.

In dieser Zeit habe ich zusammen mit meiner Musikpädagogin ein Lied geschrieben: „Die Depression.“

<u>Die Depression</u>

Ich bin müde und so träge,
Mensch, was ist denn mit mir los?
Ich fühle innere Leere und bin ideenlos.
Wo ist denn all die Power hin, wenn ich richtig fröhlich
bin? Nun fühl ich mich nur teilnahmslos, traurig und
schlapp, ich kenn mich so nicht, bin das wirklich ich?
Ich konnte Leute animieren und weckte Motivation,
Unterhaltungen waren kein Problem, jetzt bin ich oft wie
gelähmt, kein Wort aus meinem Mund, ich bleibe einfach
stumm.
Die Depression, sie kommt und geht, sie raubt mir die
Kraft, doch ich weiß, dass sie vorübergeht, das wäre doch
gelacht (hahaha).

Die Depression hat sich über mehrere Monate hinweg durchgezogen und mir die Lust zum Aufstehen geraubt.

Doch nicht nur das: Die Freude fehlte mir auch im Alltag.

Die Rückmeldungen auf der Arbeit waren dementsprechend schlecht: Ich war zu langsam und man erkannte mich nicht wieder … mir fehlte der Schwung. Es war einfach fürchterlich.

Deshalb wurde nach mehrfachen Gesprächen und langen Überlegungen die Entscheidung getroffen, in die Tagesklinik in meinem Heimatort zu gehen.

Es war eine sehr gute Entscheidung, die Form der Tagesklinik zu wählen, da ich so die Möglichkeit hatte, nach der Therapiezeit nach Hause zu meiner Familie zu gehen und mit dieser Zeit zu verbringen.

Die Therapien machten mir Spaß, es gab ein breit gefächertes Angebot: Bewegungs- und Ergotherapie, aber auch z.B. kognitives Training sowie ein soziales Kompetenztraining wurden angeboten.

In der Ergotherapie war ich besonders kreativ und gestaltete meinen Hund Ludo als Tonfigur. Auch ein Glücksschweinchen tonte und bemalte ich sowie eine Eule für meine Mama, da sie Eulen so gerne mag.

Ich schaffte es außerdem, trotz meiner stark zitternden Händen, ein Freundschaftsarmband für eine Freundin, die ich in der Tagesklinik kennengelernt hatte, zu knüpfen.

Diese Therapiestunden machten mir am meisten Spaß, auch die Bewegungstherapie an der frischen Luft war besonders schön. Man bringt seinen Kreislauf und seinen gesamten Körper in Schwung und tut der Seele automatisch auch etwas Gutes. Volleyball und Badmintonspielen waren für mich wirklich ein Highlight.

Absolut grauenvoll waren allerdings die Morgen- und die Abschlussrunden, an denen man z.B. über seine Befindlichkeit reden musste. Warum diese eigentlich doch geselligen Runden so schlimm für mich waren? Ich bin in solchen Situationen, bei der jeder auf mich schaut, wirklich sehr aufgeregt, sodass ich kaum reden kann und mein kompletter Körper das Zittern anfängt.

Die schönen, befreienden und aufmunternden Therapiestunden überwogen und die netten Leute, die ich kennengelernt habe, und die Gespräche, die wir führten, die kann mir keiner nehmen. Bei Spiel und Spaß, z.B. bei dem Spiel Tabu, haben wir uns immer besser kennengelernt und hatten auch richtig viel zu lachen.

Die Tagesklinik war ein sehr wichtiger Schritt und hat mir wirklich geholfen, wieder Kraft zu tanken.

Ich konnte mithilfe der Tagesklinik wieder schwungvoller in den Tag starten und auch der Antrieb blieb den Tag über gleichbleibend gut.

Wie man sieht, verlief mein Weg während der Ausbildung nicht immer geradlinig, sondern ging mal bergab, mal bergauf.

Ein besonders schönes Ereignis, was ich immer in Erinnerung und im Herzen behalten werde, ist das Konzert im Dunkeln in Würzburg. Ein Konzert, organisiert von meiner Musiktherapeutin und der Musikcrew.

Was es mit dem Konzert im Dunkeln genau auf sich hat?

In unserer Musiktherapie vertonten wir die Lieder, die ich selbst geschrieben habe. Alle probten sehr intensiv und bereiteten sich gut auf das Konzert vor.

Wir haben Lichter aufgestellt und damit eine schöne, stimmige Atmosphäre erzielt.

Endlich war es soweit: Die Gäste kamen und jeder bekam zur Begrüßung ein Knicklicht.

Ein dunkler großer Raum, viele gespannte Zuhörer und vier aufgeregte Gastgeber. Die Anspannung war spürbar, aber als das Konzert anfing, konnte ich meine Nervosität zum Glück halbwegs abstellen.

Die Dunkelheit im Raum nahm mir die Aufregung. Ich sang meine Lieder („Mein bipolares Leben“, „Die Depression“, „Die Stimme“ und „Den Motivationssong“) und meine Musikpädagogin begleitete uns am E-Piano.

Während der Auftritte herrschte Stille. Jeder lauschte gespannt auf unsere Stimmen und die selbst geschriebenen Texte.

Besonders berührt hat mich mein Lied „Die Stimme“:

<u>Die Stimme</u>

Keiner weiß, was in ihr vorgeht, wenn sie auf einmal rückwärts geht.
Sie sprintet los, lauert wie ein Tier, jeder fragt sich: Was ist mit ihr?
Sie hört eine Stimme, sie redet immerzu, gibt seltsame Befehle und lässt sie nicht in Ruh‘.
Ständig hört sie die Stimme und auf Englisch noch dazu,
kein andrer kann sie hören, doch sie kommt nicht zur Ruh‘.
Keiner weiß, was in ihr vorgeht, wenn sie verrückte Sachen macht, rekelt sich im Blumenbeet und sie taucht ab im nächsten Bach.
Keiner weiß, was in ihr vorgeht, wenn sie auf das Hausdach springt, sie tanzt dort glücklich und singt ihre Lieder, bis der Vater sie herunterbringt.
Endlos Energie,
kreative Ideen,
viele Spinnereien – das kann ganz witzig sein.
Doch seht die Gefahr, sie lebt wie im Wahn, denn sie hört eine Stimme, die sagte: „I‘m Sir Williams, I will visit you in two days.“ Wahnsinn, was da im Kopf passiert …

Es war wirklich ein sehr besonderes Ereignis, was ich nie vergessen werde.

Endlich war es nun so weit und ich habe erfahren, dass ich meine Abschlussprüfung bestanden habe! Ich kann es kaum fassen. Als mir meine Chefin diese freudige Nachricht mitgeteilt hat, bin ich vor Freude in Tränen ausgebrochen, es ist eine riesige Anspannung von mir gefallen.

Schon lange vorher habe ich mich auf die Prüfung vorbereitet.

Die praktische Prüfung war besonders schwer für mich, da ich so aufgeregt war, dass meine Hände enorm beim Verkaufs- und Beratungsgespräch zitterten. Dies war ein sehr holpriger Start. Doch trotz alledem habe ich weitergemacht und nicht aufgegeben.

Am letzten Abend hatte ich nochmals die Möglichkeit, mich von all den lieben Menschen, die ich in den letzten drei Jahren kennengelernt hatte, zu verabschieden, denn meine Musikpädagogin, Jonas und ich gaben ein allerletztes Konzert im Garten des Internats. Gleichzeitig konnte ich auch mein Bestehen der Abschlussprüfung feiern.

Es war so eine schöne Atmosphäre, wir genossen die letzten Sonnenstrahlen und die Gäste lauschten unseren Liedern.

Zum Abschluss flossen einige Tränen und meine letzten Worte über die vergangenen Jahre waren folgende:

Wir sind bereit, für eine ganz neue Zeit, wir haben es geschafft,
es war nicht immer leicht, doch jetzt stehen wir hier, wir können es nicht glauben, doch was geschafft ist, ist geschafft, es war kein Klacks.
Wir sagen Goodbye, ein Auge lacht, das andre weint,
doch das was uns bleibt, es war eine geile Zeit.
Es ist kaum zu fassen, es ist jetzt vorbei, Hand aufs Herz, der Abschied schmerzt.
Die Türen stehen offen, wie es weitergeht, es kann so viel passieren.
Alles wird neu, alles wird gut,
Wir haben Kraft und neuen Mut, der neue Mut, der steht uns gut,
wir haben Entscheidungen getroffen, jetzt wird ein Abschnitt unsres Lebens abgeschlossen.
Ein neuer Abschnitt steht vor der Tür, was nun kommt? Wir haben vieles im Visier.
Doch jetzt genießen wir den Moment,
sind stolz auf uns, das ist das schönste Geschenk.
Ich sage danke im Namen von uns allen, denn wir stehen hier, durch die Hilfe von euch allen.

Auch der Ausbildungsleiter verabschiedete sich von mir mit sehr herzlichen Worten: „Es war eine Freude, Sie kennengelernt zu haben, und Sie waren eine Bereicherung für die Einrichtung." Diese Worte berührten mich sehr.

Ich habe die Hochphasen genossen, die Zeiten des Tiefs überstanden und ich bin sehr froh, dass ich heute sagen kann: Ich habe die Ausbildung durchgezogen.

Es war nicht immer leicht und kein „Klacks“, aber ich habe nicht aufgegeben und mit eiserner Willenskraft, Durchhaltevermögen, Ausdauer und toller unterstützender Hilfe die Ausbildung bis zum Ende durchgezogen.

Ich kann nur so viel sagen: Die vielen Schritte bis zum „Ja, ich habe es geschafft!“ zahlen sich aus und das Gefühl, nachdem man mit vielen kleinen Schritten sein Ziel erreicht hat, fühlt sich richtig gut an.

Der Abschluss der Ausbildung war die sogenannte „Freisprechung“ am 12.09.2020.

Die Ehrengäste hielten Reden, man wurde zum Bestehen der Abschlussprüfung beglückwünscht und ich wurde tatsächlich als Drittbeste aller Bäckereifachverkäuferinnen Unterfrankens geehrt.

Ich habe einen wundervollen Blumenstrauß in die Hand gedrückt bekommen, der mir nicht nur überaus gut gefallen, sondern auch noch perfekt zu meinem Outfit gepasst hat.

Es war wirklich ein unvergesslicher Moment und ich werde nie vergessen, wie unglaublich stolz und glücklich ich war.

Schlusswort

Manisch-depressiv: eine Diagnose, die dein Leben verändert.

Wie bin ich wirklich?

Eine bipolare Störung ist sehr schwierig zu verstehen. Mal ist man zu Tode betrübt und dann wieder himmelhochjauchzend. Es ist für die Betroffenen anstrengend, aber auch für jedermann, der sich im Umfeld befindet. Das Leben mit so einer Krankheit ist nicht gerade einfach, denn man muss auf sehr viele Faktoren achten, die die Gefahr eines Rückschlags minimieren können, z.B.: genug essen, genug Schlafen, geregelten Tag-Nacht-Rhythmus, regelmäßige Besuche bei den Psychiatern und Psychologen und außerdem Stressvermeidung, gewissenhafte Medikamenteneinnahme, Reizabschirmung und ganz viel Vorsicht bei Stress und persönlichen Problemen. Am besten bei Problemen immer das Gespräch suchen und nicht versuchen, alles mit einem selbst auszumachen.

Auch für die Familie ist es nicht immer leicht, mit der Krankheit umzugehen. Was ich sagen muss, ist, dass meine Familie wirklich immer zu mir hält und hinter mir steht, egal, was ist. Dafür bin ich ihr sehr dankbar. Auch meine engsten Freunde sind immer für mich da.

Es ist sehr wichtig, dass man Menschen hat, die einen auf dem schwierigen Weg unterstützen. Meine Berufsfindung war geprägt von Holpersteinen, die mir in den Weg gelegt wurden. Doch nun weiß ich, dass ich auf dem richtigen Weg bin. Ich fühle mich angekommen, ich fühle mich stabil. Klar, mein Weg ist noch lange nicht zu Ende und es werden noch viele anstrengende, arbeitsintensive und nicht gerade einfache Situationen folgen, bei denen es heißt: Bewahre einen kühlen Kopf!

Außerdem ist es wichtig, eine Perspektive zu haben.

Ich habe eine Vorstellung, wie es in Zukunft weitergehen soll, ich habe Pläne, Wünsche und konkrete Ziele.

Ich werde als Schülerbetreuerin arbeiten und nächstes Jahr im Wintersemester 2021 möchte ich Pädagogik studieren.

Ich weiß, es ist etwas ganz anderes als die Arbeit im Backverkauf, aber mir ist es wichtig, später einmal mit Menschen zusammenzuarbeiten, ihnen zu helfen und meine Erfahrungen zu teilen sowie den Menschen Mut zu machen. Glaub an dich - du bist vielleicht krank, aber dein Leben ist nicht vorbei!

Krank sein heißt nicht, dass man nicht mehr leben kann. Das Leben wird nur anders und man kann es immer noch selbst mitgestalten.

Gib niemals auf, egal, ob du psychisch oder physisch krank bist. Ich selbst bin auch oft tief gefallen, aber bin immer wieder aufgestanden und weitergegangen.

Ich muss sagen, nach all den schweren Jahren, die ich durchgemacht habe, habe ich trotzdem nicht aufgegeben. Es war wirklich ein harter Weg, aber ich bin stolz auf mich, weil ich trotz der erschwerten Umstände meinen Weg gegangen bin und auch weitergehen werde.

Dieses von mir selbst entworfene Tattoo ließ ich mir am 06.10.2018 stechen. Es zeigt mein bipolares Wesen: Die eine Seite depressiv – die andere Seite himmelhochjauchzend und beflügelt, also manisch.

Die depressive Seite des Gesichtes ist an den Tränen, die herunterfließen, zu erkennen. Das „R“ mit dem kleinen „Blitz“ steht für Robbie Williams, der mich nach der mani-

schen Zeit auch oft traurig machte. Vor allem, als ich realisiert habe, dass mein „Leben“ mit Robbie nicht real war.

Die manische Seite erkennt man an den Noten. Das Beflügelt-Sein wird symbolisiert durch den Vogel, der das Kleeblatt im Schnabel trägt: Er trägt also symbolisch Hoffnung mit sich. Der Mundwinkel auf dieser Seite zeigt nach oben und das Auge wird durch ein Herz dargestellt. Die Liebe spielt auch in der Manie eine große Rolle und das Hingezogen-Fühlen zu Robbie Williams.

Die manischen und depressiven Phasen spiegeln sich auch in meinem Lied „Mein bipolares Leben“ wider:

<u>Mein bipolares Leben</u>

Mal bin ich verrückt und einfach gut drauf,
mal fühl ich mich taub und ausgelaugt.
Mal könnte ich die Bäume ausreißen und manchmal, da fahren die Gedanken nur Kreise.

Es macht mich verrückt, es macht mich sauer, mein bipolares Leben ist mir manchmal nicht geheuer.

Mal fallen die Wörter von ganz allein,
mal fällt mir leider gar nichts ein,
mal lieb ich es, in der Gemeinschaft zu sein
und an manchen Tagen verkrieche ich mich lieber allein.

Doch ich bin damit nicht allein, ein jedes Leben bringt Regen und Sonnenschein, ein jeder Mensch kennt Trauer und Leid, aber auch Glücksmomente in Dankbarkeit.

Ideenreichtum und Kreativität, Empathie und Spontanität, Liebe und Fantasie – das zeichnet mich aus!

Ein bisschen manisch-depressiv schadet nie!

Danksagungen

Als Erstes möchte ich mich bei meiner Familie bedanken, die mich in all den schwierigen Zeiten, die ich bisher erlebt habe, immer aufgefangen hat und für mich da war. Mein Dank hierbei geht vor allem an meine Mutter, die mir in jeder Situation zugehört, mich aufgebaut und mir geholfen hat. Doch auch meinem Vater habe ich sehr viel zu verdanken. Er ist unter anderem in meiner Klinikzeit die fast 50 km gefahren und das fast jeden Tag, um mich zu besuchen und mir beizustehen.

Auch mein Bruder Daniel ist mir enorm wichtig, denn ohne Daniel würde mir so viel fehlen: Er bringt mich zum Lachen, ich kann bei ihm so sein, wie ich bin, und wir verbringen so gerne Zeit miteinander und ich freue mich jedes Mal, wenn ich nach Hause komme und ihn im Wohnzimmersessel auf mich warten sehe. Auch meine Schwester Steffi ist und bleibt ein großer Teil von mir. Sie hat mich nicht nur in jeder manischen Phase unterstützt und „mitgeklopft“ (das ist ein Insider, den nur meine Familie versteht). Ich möchte ihr Danke sagen, für all die schönen Momente, die wir zusammen erlebt haben (auch wenn es nur eine Shoppingtour war), und dass sie immer für mich da war. Es ist jedes Mal schön, wenn sie uns mit ihren zwei liebherzigen Töchtern Pauline und Marie-Sophie besucht. Sie erfüllen das Haus mit Lebendigkeit und Freude.

Natürlich gilt mein Dank auch meinem großen Bruder Sebastian, der u.a. mein Buch Korrektur gelesen hat und mich dadurch sehr unterstütze. Danke auch an seine Frau Nadine und an die kleine Johanna. Der Mittagstisch ist einfach nicht komplett, wenn die kleine süße Maus nicht die Hände faltet, um uns an das gemeinsame Gebet zu erinnern, und uns mit ihrer liebherzigen Art zum Schmunzeln bringt. Und um den Kreis zu vervollständigen: Vielen Dank auch an meine große Schwester Manuela. Ich bin ihr sehr dankbar, dass sie mich in meinen schwierigen, depressiven Phasen unterstützte, indem sie mit mir die Freizeit durch sportliche Aktivitäten wie Schwimmen gestaltete. Ich bin wirklich froh darüber, so eine schöne Familie zu haben, die mir so viel Kraft gibt.

Ich danke auch meinem Hund Ludo, meinem kleinen Baby, dafür, dass er einfach da ist und mich in jeder Situation begleitet hat.

An dieser Stelle möchte ich mich auch bei meinen Großeltern und meiner Mutter bedanken, die es überhaupt möglich gemacht haben, dass ich meinen Ludo habe.

Außerdem gilt mein Dank meinem engen Freundeskreis, der mir sehr wichtig ist.

Ich danke meinem Hausarzt und meinem Psychiater, die in der schweren Zeit und auch danach immer gute Ansprechpartner waren und es jetzt noch sind.

Auch bedanke ich mich bei dem gesamten Reha-Team von Caritas Don Bosco. Dazu zählen: mein Ausbildungsleiter, meine Ausbilderin, meine Betreuer, meine Musikpädagogin, meine Bildungsbegleiter, die Prozessverantwortlichen und natürlich auch meine Lehrer in der Berufsschule, die mich auf dem Weg begleitet und unterstützt haben. Ich bin froh, dass ich in einem abgesicherten Rahmen meine Ausbildung absolvieren konnte.

Außerdem bedanke ich mich auch bei meinem Onkel, seinen Mitbrüdern und allen anderen Verwandten und Bekannten, die in meiner schweren Zeit für mich gebetet und an mich gedacht haben.

Man sollte jedoch nie vergessen, Gott zu danken, selbst wenn man manchmal verzweifeln könnte. Es gibt einen Halt: Gott.

Meine verstorbene Oma sagte früher immer zu uns: „Man muss Gott für alles danken, selbst den Buckel voll Schlägen.“ Und das stimmt auch. Es gibt immer ein Licht am Ende des Tunnels. Man muss nur stets weitergehen - auch wenn das Licht so weit entfernt scheint - das Ziel ist mit Willenskraft und Ausdauer zu erreichen.